AF275095

COLEX

Disfrute gratuitamente **DURANTE UN AÑO** de los eBook y audiolibros de las obras de Editorial Colex*

Principios de finanzas para optimizar la selección de inversiones

- ⊛ Acceda a la página web de la editorial **www.colex.es**

- ⊛ Identifíquese con su usuario y contraseña. En caso de no disponer de una cuenta regístrese.

- ⊛ Acceda en el menú de usuario a la pestaña «Mis códigos» e introduzca el que aparece a continuación:

RASCAR PARA VISUALIZAR EL CÓDIGO

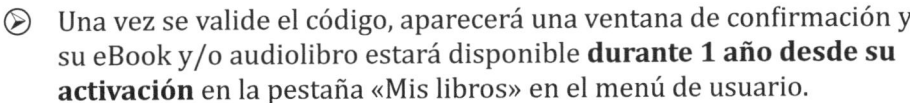

- ⊛ Una vez se valide el código, aparecerá una ventana de confirmación y su eBook y/o audiolibro estará disponible **durante 1 año desde su activación** en la pestaña «Mis libros» en el menú de usuario.

---

* Los audiolibros están disponibles en las ediciones más recientes de nuestras obras. Se excluyen expresamente las colecciones «Códigos comentados», «Biblioteca digital» y los productos de www.vademecumlegal.es.

¡Gracias por confiar en Colex!

La obra que acaba de adquirir incluye de forma gratuita la versión electrónica. Acceda a nuestra página web para aprovechar todas las funcionalidades de las que dispone en nuestro lector.

Funcionalidades eBook

Acceso desde cualquier dispositivo

Idéntica visualización a la edición de papel

Navegación intuitiva

Tamaño del texto adaptable

Síguenos en:

PRINCIPIOS DE FINANZAS PARA OPTIMIZAR LA SELECCIÓN DE INVERSIONES

PRINCIPIOS DE FINANZAS PARA OPTIMIZAR LA SELECCIÓN DE INVERSIONES

Francisco Javier Canto Cuevas

COLEX 2025

© Editorial Colex, S.L.
Calle Costa Rica, número 5, 3.º B (local comercial)
A Coruña, 15004, A Coruña (Galicia)
info@colex.es
www.colex.es

I.S.B.N.: 979-13-7011-324-7
Depósito legal: C 1337-2025
DOI: https://doi.org/10.69592/979-13-7011-324-7

A quien le pueda interesar.

SUMARIO

CAPÍTULO 1

ACTIVOS Y RECURSOS: DIMENSIONAMIENTO Y RELACIONES ENTRE AMBOS. IMPORTANCIA Y EFECTOS DEL CORTO PLAZO SOBRE EL LARGO PLAZO

CAPÍTULO 2

UNA PRIMERA APROXIMACIÓN AL CÁLCULO DE RENTABILIDADES Y COSTES FINANCIEROS. LA CORRIENTE DE TESORERÍA

AGRADECIMIENTOS

A todas las personas que me han apoyado en mi carrera universitaria. Han sido muchas y me considero afortunado por ello. También agradezco las sugerencias de un revisor, cuyas indicaciones y consejos han ayudado indudablemente a mejorar este libro.

PRÓLOGO

En un entorno económico caracterizado por multitud de oportunidades y amenazas, se puede considerar que actualmente las finanzas están más a nuestro alrededor que nunca, y que formamos parte casi sin darnos cuenta de un gran mercado financiero global. Cualquiera tiene fácil acceso a todo tipo de productos financieros en webs, o a través de multitud de aplicaciones descargables en los móviles que nos han convertido en inversores, o lo que es lo mismo, en financiadores. También, hay una gran mayoría de personas que son emprendedores y necesitan recursos en sus proyectos o empresas, convirtiéndose en deudores. Para abordar ese tipo de decisiones tan importantes a futuro y operar en los mercados donde fluye el dinero, es necesario tener una sólida base de conocimientos financieros.

El objetivo del presente trabajo no es otro que servir de ayuda a los usuarios de las finanzas, que tienen la curiosidad o necesidad de profundizar en los aspectos básicos de esta importante materia con la finalidad de optimizar sus inversiones y los recursos necesarios para llevarla a cabo. Así, se exponen conceptos y «herramientas» que deben ser conocidos por todos para una mejor comprensión de la gestión económica y financiera en su vida empresarial, profesional y personal.

Para intentar cumplir con los objetivos propuestos se usarán ejemplos simples, alejados de complicaciones numéricas y priorizando la comprensión de lo que se quiere explicar. Además, con la finalidad de que el lector practique lo que se va exponiendo, se proponen algunos ejercicios cuyas soluciones se encuentran al final del libro. Por lo cual, este libro también puede ser usado como complemento pedagógico en el aprendizaje de las finanzas

Además, se van a usar algunas de las potentes fórmulas financieras que la hoja de cálculo Excel pone a nuestra disposición, y que facilitarán muchas de las operaciones necesarias de nuestros ejemplos. Por tanto, se aconseja que a la vez que se avanza en la lectura del presente libro se intente hacer en Excel los ejemplos que se proponen. Incluso sea el lector el que tome la iniciativa, haciendo sus propias pruebas y ejemplos de los conceptos que se vayan tratando.

En resumen, este libro pretende, si cabe, aportar un poco más en el conocimiento en el área de las finanzas y generar un debate fructífero sobre esta disciplina que ayude a la mejora constante que todos buscamos.

INTRODUCCIÓN

El paradigma de las Finanzas ha cambiado respecto a lo que habíamos conocido en años anteriores. La desintermediación de los mercados financieros y la introducción de las tecnologías de la información y comunicación en las finanzas ha hecho posible que podamos ser inversores o financiadores, a la misma vez que ser financiados o deudores, prescindiendo de los intermediarios en muchos casos. Todo ello con una facilidad y rapidez sorprendentes.

La aparición y el desarrollo de la tecnología blockchain ha tenido un gran impacto en el ecosistema financiero. Recursos financieros e inversiones que en el siglo XX apenas se conocían o no existían, tienen hoy día un uso generalizado. Sirva como ejemplo conceptos como crowdfunding, mercados alternativos, criptomonedas, entre muchos de los que forman ya parte de nuestro vocabulario.

La desintermediación desvía fondos de los mercados intermediados hacia los mercados financieros de tipo privado, donde entran en contacto directo los prestatarios y prestamistas. Excluyendo, entre otros, a las instituciones financieras como los bancos para que los agentes económicos eviten el margen financiero de los intermediarios. Aunque en un principio eran las grandes unidades prestatarias necesitadas de fuertes capitales las acudían a los mercados no intermediados. Gracias a las Fintech, nuevas tecnologías aplicadas a las finanzas, hace tiempo que es posible que unidades oferentes y demandantes de fondos de esta nueva realidad sean de cualquier tamaño. Las Fintech comercializan productos financieros de forma masiva en la red, a los cuales se puede acceder fácilmente, logrando que el riesgo asociado a cualquier inversión se distribuya a los prestamistas últimos al desaparecer los intermediarios. Además, hay un proceso imparable de innovación y globalización, en el que se crean cada vez más productos financieros, algunos con alto grado de complejidad para adaptarse a los distintos segmentos del mercado.

Por tanto, se puede hablar de un proceso de disrupción, en el que la tecnología afecta a los procesos financieros y a la estandarización de las operaciones, al que ha venido a sumarse la aparición de la Inteligencia Artificial. Todo ello permite simplificar los procesos, digitalizarlos y externalizarlos, con el objetivo de ganar velocidad y abaratar costes.

El contacto directo entre inversor y financiador obliga a adquirir conocimientos financieros, debido a la ausencia de mediadores y asesores con amplia experiencia para afrontar con éxito las decisiones que comprometerán a largo plazo a empresas y particulares. Sin embargo, muchos de los usuarios carecen de los conceptos básicos de finanzas necesarios para abordar la correcta gestión de estas operaciones.

Este libro no es un estudio pormenorizado del gran abanico de productos financieros existentes, si no que pretende ir a la base de las finanzas. Con este objetivo, se expondrán los conceptos y conocimientos primordiales para seleccionar las mejores inversiones disponibles desde el punto de vista de la rentabilidad. Para cumplir con este propósito se añaden ejemplos cuando la complejidad de lo expuesto así lo requiere, ayudando a aclarar los conceptos que se quieren transmitir. Por tanto, el público al que va dirigido está formado tanto por estudiantes que se empiezan a aproximar a las finanzas, como por profesionales que ya están en contacto directo con esta área y necesitan recordar sus principios.

Con esa finalidad, en el capítulo 1 se va a empezar explicando los conceptos de activos y recursos que forman el balance que todas las empresas e incluso las personas físicas tienen, aunque estos últimos no se hayan parado a cuantificarlo. Sin tener unos conocimientos profundos de contabilidad, todos debemos ser consciente de nuestras inversiones y de las fuentes financieras usadas. Para ello, es necesario cuantificar ambos lados del balance. En el capítulo 2 se comienza a calcular las rentabilidades asociadas al activo y el coste de los recursos que nos financian. Cálculo previsional que se hace de año en año.

Sin embargo, la mayoría de las veces se hace imprescindible el cálculo de un solo índice que informe de la idoneidad de las inversiones o proyectos a realizar en el largo plazo por parte de las empresas. Esta necesidad se cubre con los métodos de valoración y selección de inversiones. En el capítulo 3 se expondrán las variables a usar en estos métodos. En el capítulo 4, se presentan dos de los métodos más importantes para valorar las inversiones y financiaciones que comprometerán a las empresas a largo plazo. El Valor Actual Neto o Valor Capital (VAN o VC) y el Tanto Interno de Rendimiento (TIR). Ambos sirven para calcular la ganancia neta de una inversión en términos monetario y relativo respectivamente, ayudando en la toma de las relevantes decisiones de inversión y financiación de las empresas. Además, se exponen una serie de procedimientos para la selección de las mejores inversiones cuando hay varias a elegir.

CAPÍTULO 1

ACTIVOS Y RECURSOS: DIMENSIONAMIENTO Y RELACIONES ENTRE AMBOS. IMPORTANCIA Y EFECTOS DEL CORTO PLAZO SOBRE EL LARGO PLAZO

1.1. Introducción

Un balance se compone de dos estructuras, la económica que recoge los activos o inversiones realizadas y la financiera que recoge la forma cómo se han financiado esas inversiones, o de dónde se ha obtenido los recursos financieros para las inversiones. Los activos son los bienes y derechos de la empresa, de los que se espera obtener beneficios o rendimientos económicos en el futuro. Por tanto, nos interesa obtener y saber la rentabilidad que proporcionan los activos. Los recursos son las obligaciones que se ha contraído para afrontar las inversiones, y que habrá que retribuir y devolver en algunos casos. Por consiguiente, habrá que tener en cuenta el coste de los recursos financieros. Activos y recursos coinciden siempre.

Para una descripción completa de los distintos activos o inversiones de la empresa, así como las posibles fuentes financieras o recursos, se remite al lector al Plan General de Contabilidad (PGC) vigente, que muestra la totalidad de los componentes de ambos lados del balance. Con el objetivo de simplificar la exhaustividad que muestra el PGC, en la figura siguiente se muestra un posible balance económico-financiero que contiene las principales cuentas a usar en este libro.

Figura 1. Ejemplo simplificado de balance.

ACTIVOS	RECURSOS
ACTIVO NO CORRIENTE	**PATRIMONIO NETO**
Inmovilizado material e inmaterial	Capital social Reservas
Inversiones financieras	**PASIVO NO CORRIENTE**
ACTIVO CORRIENTE	Préstamos y créditos a l/p
Clientes	Obligaciones a l/p
Stocks	Acreedores o Proveedores de Inmov.
Tesorería	**PASIVO CORRIENTE**
	Hacienda Pública acreedora
	Préstamos y créditos a c/p
	Proveedores a c/p

Los activos se ordenan de menor a mayor liquidez, mientras que los recursos se ordenan de menor a mayor exigibilidad. De tal forma que se pueden comparar ambos lados del balance con la finalidad de comprobar si los activos están generando la suficiente liquidez para responder a las deudas más exigibles o a corto plazo situados en la parte baja del balance.

1.2. Activos

Para que una empresa pueda llevar a cabo su actividad o afrontar un proyecto de inversión, necesitará de unos activos fijos o no corrientes que estarán en la empresa más de un año. Terrenos, maquinaria, instalaciones industriales, vehículos, patentes etc., sirven como ejemplos para este tipo de activo a largo plazo.

La cuantificación del volumen de inversión debe ser la estrictamente necesaria para que una empresa o proyecto funcione durante un horizonte temporal suficientemente largo sin interrupciones en el proceso productivo. El objetivo no es otro que hacer mínima la cuantía de activos necesarios para que la empresa funcione sin problemas, y así minimizar también los recursos financieros a largo plazo, dadas las dificultades de acceso a este tipo de financiación y su coste.

Para que la empresa funcione correctamente, también es necesario poseer unos activos corrientes a corto plazo, estarán en la empresa menos de un año, que permitan poner en funcionamiento el activo fijo. El flujo de ese activo circulante lleva al concepto del ciclo a corto o de explotación. El ciclo a corto es el proceso de inmovilización de cierto dinero en mercancías, para después de su transformación en productos terminados, venderlas y cobrar su valor, recuperando otra vez la disponibilidad financiera original. En la siguiente figura se puede observar el ciclo a corto de una empresa productiva.

Figura 2. Ciclo a corto de una empresa productiva.

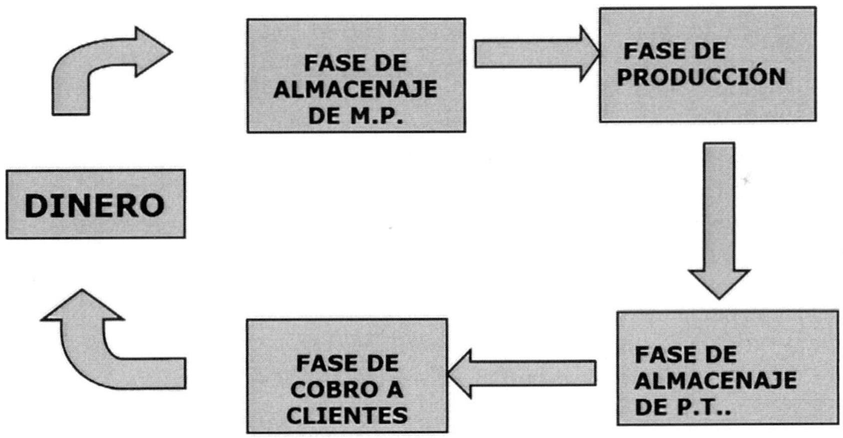

Dependiendo del tipo de empresa, variarán las fases que conforman el ciclo a corto plazo. Además, de las características del ciclo a corto va a depender el tipo y cuantía de las cuentas que van a conformar un activo corriente, y que habrá que financiar al igual que se financia un activo fijo. Las cuentas del activo corriente funcional, una por cada fase del ciclo a corto plazo anterior, son las siguientes:

stock de materia prima (mp), stock de productos semiterminados (pst), stock de productos terminados (pt) y clientes.

Un activo corriente mínimo que no afecte a la buena marcha del ciclo productivo, es esencial para incrementar la rentabilidad del activo y disminuir los recursos necesarios. Es necesario puntualizar que para el estudio a corto plazo solo se escogen las cuentas principales que están relacionadas con el proceso de producción y no de otro tipo, por ejemplo, inversiones temporales.

1.3. Recursos financieros

La inversión en activo se pagará con las fuentes financieras a las que se tenga acceso y otras que se vayan generando a lo largo de la vida de la empresa como la autofinanciación. Este recurso es de especial relevancia para las empresas, debido a que es un recurso sin coste explícito y no exigible. Por ejemplo, las reservas o beneficios no repartidos entre los accionistas y el fondo de amortización de aquellos activos fijos que se deprecian en el tiempo. Al igual que los activos, los recursos financieros serán a largo plazo, si están más de un año en balance, y a corto plazo si están menos de un año. En el primer caso, se encuentra el patrimonio neto de la empresa, que la empresa no tiene obligación de devolver, por ejemplo: capital social, reservas y subvenciones de capital. A largo plazo también se encuentran los pasivos no corrientes, por ejemplo: préstamos y empréstitos, y acreedores a largo plazo, que en este caso sí hay que devolver. En el pasivo corriente, a corto plazo, se encuentran entre otros aquellos recursos los espontáneos que surgen por el propio funcionamiento de la empresa, como los proveedores y otras cuentas por pagar. Gracias al pasivo corriente se puede disminuir los recursos a largo plazo necesarios, que son generalmente más difíciles de obtener y con unos costes financieros a considerar.

Es necesario destacar que la gestión del corto plazo tiene efectos sobre el largo plazo. Así, un menor activo corriente debido a una excelente gestión del ciclo a corto que se traduce en menores existencias y clientes a financiar. Un mayor pasivo corriente, por ejemplo, debido a una elevada financiación de proveedores, conlleva unos menores recursos a largo plazo, generalmente más difíciles de obtener y que hay que retribuir. Además, debido a que el corto plazo es aquella parte del balance que más cambia en el tiempo, es preferible enfocarse en la parte más estable del balance. Es decir, aquella parte formada por los recursos fijos, y aquellos activos corrientes y no corrientes que financian. Esta estructura más constante en el tiempo va a depender de cómo se gestione el corto plazo en la empresa, debido a que mayores pasivos corrientes reducirá el uso de recursos a largo plazo en la empresa.

En esta estructura más estable se aprecian conceptos relevantes como el Capital Corriente, aquellos activos corrientes financiados con recursos a largo plazo. O el Fondo de Maniobra, aquellos recursos a largo plazo que financian activos corrientes. Dos conceptos de igual cuantía, pero en diferentes lados del balance, que cuando son positivos se debe a que la empresa presenta unos recursos financieros a largo plazo financiando activos corrientes. Esto proporciona estabilidad financiera por la menor exigibilidad de los recursos a largo frente a la mayor liquidez de los activos a corto.

Figura 3. Estructura más estable del balance

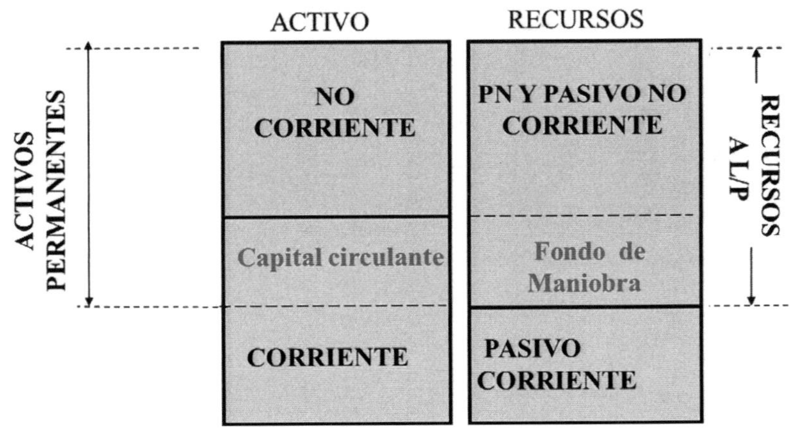

1.4. Cuenta de pérdidas y ganancias

El balance tiene la característica de ser estático, una fotografía de la situación económica financiera de la empresa en un momento dado. Por tanto, este estado debe ser complementado con un estado dinámico como la cuenta de pérdidas y ganancias. Mediante esta cuenta se obtiene el resultado económico de la empresa, informando de los flujos ocurridos entre un balance y el siguiente. Esta cuenta es necesaria para la construcción de los balances posteriores, al proporcionar información tan relevante como las reservas generadas en el periodo.

La generación de una autofinanciación de crecimiento como son las reservas ayuda a cumplir el objetivo financiero de maximizar el valor de la empresa a largo plazo. A este relevante objetivo empezamos a aproximarnos con la cuantificación de las reservas. Más adelante se profundizará en la consecución de la maximización del valor de le empresa con los resultados de los métodos de valoración y selección de inversiones. A continuación, se presenta la cuenta de pérdidas y ganancias abreviada que se va a seguir en el libro (La cuenta de resultados de explotación no considera ingresos y gastos ajenos a la actividad principal de la empresa). Hay que destacar que en principio no se tendrá en cuenta el impuesto de sociedades, que se presentará en el capítulo 3.

Tabla 1. Cuenta de pérdidas y ganancias

Cuenta de pérdidas y ganancias
Ingresos ventas
mp = Compras de mp
- Variación de stock mp
= Consumo mp
+ mo = gastos de personal
+ gg = otros gastos explotación
= Coste de explotación= Consumo de mp+ mo+gg
- Variación de stocks pt
= Coste de las ventas

Cash-flow renta explotación = Qi)renta= Ebitda= Ingresos por ventas-Coste de las ventas
- Amortización contable (CAC)
= **Beneficio antes de intereses e impuestos de explotación** = **BAIT (explotación)**   +Ingresos no relacionados con la explotación   -Gastos no relacionados con la explotación   = **BAIT**   - Costes financieros (CFros)
= **Beneficio bruto** = **BAT**   - Impuestos (T)
= **Beneficio Neto** = **BN**   - Dividendos (Div)
= Reservas generadas (Res)

1.5. Cuantificación de la necesidad de activos corrientes o NAC mediante los gastos que soporta el ciclo a corto o de explotación

Para que la empresa funciones correctamente, el activo corriente debe ser el necesario para que el ciclo a corto marche sin interrupción. Para aproximarse a la cuantificación de las cuentas que componen el activo a corto plazo en conjunto, se puede usar la siguiente fórmula de la necesidad de activo corriente o NAC, que cuantifica el total necesitado de stocks, clientes y tesorería en función de los gastos y duración del ciclo a corto.

NAC= Gasto medio diario·Periodo medio + Tesorería de seguridad

En la cual, el gasto medio diario es la suma de todos los gastos incorporados al ciclo a corto (consumo de materia prima más gastos de mano de obra más gastos generales) dividido entre 360 días, y el periodo medio (PM) es la duración media en días de dicho ciclo. Es decir, el PM es la suma de todos los subperiodos que conforman el ciclo a corto: tiempo o subperiodo medio (SPM) de las materias primas en almacén (SPMmp), más tiempo de productos semiterminados en el proceso de fabricación (SPMpst), más tiempo de los productos terminados en almacén (SPMpt), más tiempo de cobro a clientes (SPMcl).

$$PM = SPMmp + SPMpst + SPMpt + SPMcl$$

$$NAC = [(\text{consumo } mp + mo + gg)/360] \cdot PM + \text{Tes. seguridad}$$

Esta fórmula de la NAC es una aproximación a la cuantificación en conjunto de todas las cuentas del activo corriente relacionadas con la producción, y va a tener un valor que depende de los gastos incorporados al ciclo a corto: materia prima (mp), mano de obra (mo) y gastos generales (gg), y del tiempo que se tarde en cumplir el ciclo (PM). Es decir, está aplicando la siguiente regla de tres. Si en 360 días tengo unos gastos anuales que son: mp+mo+gg, en un PM dado tendré la valoración del activo corriente o NAC, a falta de añadir la tesorería de seguridad.

Una pregunta que surge al aplicar la fórmula es por qué se toma consumo de materia prima en vez de compra, cuando en realidad las compras no consumidas se quedarían valorando un stock de materias primas que forma parte del conjunto NAC. Una posible respuesta es que, en el coste de los productos vendidos se incluye el consumo de la materia prima y no la compras (ver fórmulas de ratios operativos en ejemplo siguiente). Otra posible respuesta es que el consumo de las empresas es más estable que las compras, que puede sufrir más variaciones, por ejemplo, debido a fluctuaciones en los precios de esas materias primas. Como ejemplo extremo podríamos tener una empresa que no ha comprado materias primas durante mucho tiempo debido a sus altos precios. Sin embargo, ha consumido esas materias primas debido a que tenía un gran stock anterior.

Es necesario puntualizar que existe otra opción para la cuantificación del activo corriente necesario para que la empresa o proyecto funcione, y es mediante el uso de ratios operativos del análisis económico. Para explicarla se presenta el siguiente ejemplo.

Ejemplo 1

Una empresa presenta la siguiente información sobre los saldos medios de los activos corrientes, y la cuenta de explotación a final de un ejercicio. Todos los datos están en miles de €.

Stocks mp	600
Stocks pt	1.100
Clientes	1.350
Tesorería seguridad	150
Activo Corriente	3.200

Ventas	9.000
Compras de materia prima	3.000
Gastos de personal	2.500
Gastos generales explotación	2.300

Cuantificar el activo corriente usando los ratios operativos del análisis económico y la formula NAC expuesta. Para simplificar, se supone que no hay productos semiterminados. Tampoco hay variación de existencias de materia prima (las compras coinciden con los consumos), ni de productos terminados, y tampoco hay variación del saldo de clientes.

Solución del ejemplo 1

Se usan los siguientes ratios operativos del análisis económico, que relacionan datos de balance y cuentas de explotación.

Saldo medio de mp = (consumo de mp/360)·Subperiodo medio mp

Siendo el consumo de materia prima, las compras menos la variación de existencias (existencias finales menos iniciales) de la materia prima. En algunos manuales se observa que no se usa consumo, si no la compra de materia prima. Pero el concepto consumo es más idóneo como ya se ha argumentado anteriormente.

$$\text{Saldo medio de pt} = (\text{coste productos vendidos}/360)\cdot\text{Subperiodo medio pt}$$

Siendo los costes de los productos vendidos la suma de consumo de materia prima, más mano de obra más gastos generales menos la variación de existencias (existencias finales menos iniciales) de los productos terminados.

$$\text{Saldo medio clientes} = (\text{ventas anuales}/360)\cdot\text{Subperiodo medio clientes}$$

Siendo el Periodo medio del ciclo a corto la suma de los subperiodos de las fórmulas anteriores. Se van a usar las fórmulas para despejar los diferentes subperiodos medios del ciclo de explotación, según los datos del ejemplo.

$$\text{SPMmp} = (600/3000)\cdot360 = 72 \text{ días}$$

$$\text{SPMpt} = (1100/7800)\cdot360 = 50{,}76 \text{ días}$$

$$\text{SPMcl} = (1350/9000)\cdot360 = 54 \text{ días}$$

$$\text{PM} = \text{SPMmp}+\text{SPMpst}+\text{SPMpt}+\text{SPMcl} = 72+0+50{,}76+54 = 176{,}76 \text{ días}$$

Hay que recordar que no hay productos semiterminados, por eso su subperiodo medio (SPMpst) es de 0 días. Si usamos la fórmula NAC para cuantificar el conjunto de los activos corrientes. Este resultado supera a los 3.200 miles de € de activos corrientes del enunciado.

$$\text{NAC} = [(\text{consumo mp}+\text{mo}+\text{gg})/360]\cdot\text{PM}+\text{Tes. seguridad}$$

$$\text{NAC} = [(3000+2500+2300)/360]\cdot176.76+150 = 3979{,}8 \text{ miles de € } > 3.200 \text{ miles de €}$$

Esta diferencia es debida a que en la fórmula NAC se está multiplicando conceptos como la mano de obra o los gastos generales por el PM completo de 176,76 días, cuando la totalidad de esos conceptos no están durante todo ese PM «circulando» por el ciclo de explotación. Solo el consumo de mp está 176,76 días en el ciclo.

Mientras que la gran parte de mano de obra (mo) y gastos generales (gg) se incorporan pasados los 72 días del SPMmp. Por tanto, mano de obra y gastos generales están 104,76 días en el ciclo, que es la suma de SPMpt+SPMcl, es decir 50,76 días más 54 días. Teniendo en cuenta esto, si la fórmula NAC tuviese los siguientes cambios, se solventaría ese problema.

$$NAC=[(consumo\ mp+mo+gg)/360] \cdot PM+Tes.\ seguridad$$

Si se saca factor común PM.

$$NAC=(consumo\ mp/360) \cdot PM+(mo/360) \cdot PM+(gg/360) \cdot PM+Tes.seg$$

Como se ha dicho antes, no puedo usar el PM para todos los gastos en que se incurre en el ciclo a corto, si no que cada gasto tiene su propio SPM, y por consiguiente sus días de circulación en el ciclo a corto. Además, la fórmula NAC no tiene en cuenta el Cash-flow renta (entendido como un flujo de fondos) de 1.200 miles de €, obtenido de las ventas (9.000) menos costes de venta (7.800). Sin embargo, el saldo medio de clientes (que forma parte del conjunto de la NAC) está calculado con ventas anuales, que sí llevan incluido ese Cash-flow. Este Cash-flow se «incorpora» al ciclo a corto cuando aparecen los clientes, es decir pasados 122,76 días del SPMmp+SPMpt (72+50,76). Por lo que el Cash-flow solo está en el ciclo a corto los 54 días del SPMcl.

Teniendo todo esto en cuenta, la fórmula anterior quedaría como sigue a continuación. Hay que tener cuidado con los SPM como se ha dicho antes, ya que todos los conceptos de gastos no están en todas las fases del ciclo a corto.

$$NAC=(consumo\ mp/360) \cdot (SPMmp+SPMpt+SPMcl) +$$
$$(mo/360) \cdot (SPMpt+SPMcl) +(gg/360) \cdot (SPMpt+SPMcl)$$
$$+ (Qi/360) \cdot SPMcl + Tes.seg$$

$$NAC=(3000/360) \cdot 176,76 + (2500/360) \cdot 104.76 +(2300/360) \cdot 104,76$$
$$+ (1200/360) \cdot 54 + 150= 3.199,8 \approx 3.200\ miles\ de\ €$$

El resultado obtenido coincide con los activos corrientes del ejemplo. Como conclusión se puede decir que la fórmula NAC es una aproximación en conjunto, pero en exceso, del valor del activo corriente, teniendo el aspecto positivo de ser fácil de usar.

1.6. La financiación a largo plazo con el préstamo francés o de cuota constante

Dentro de los recursos usados por la empresa para obtener el dinero necesario para invertir en sus activos, los préstamos son una de las fuentes financieras más importantes, como ocurre en países entre los que se encuentra el nuestro. En España, uno de los tipos de préstamos más utilizados es aquel que sigue el método francés. Con este préstamo se obtienen unas cuotas totales constantes, que son la suma de las cuotas de amortización financiera (devolución del principal o capital prestado) y de los intereses a pagar por tener ese dinero en préstamo. La relativa complejidad de la fórmula para cuantificar las cuotas, y la variación de amortización financiera e intereses en el tiempo dentro de cada cuota total, hace que dicho tipo de préstamo merezca ser analizado con mayor profundidad.

Para ello, la hoja de cálculo Excel ofrece la fórmula financiera PAGO, que calcula el pago de un préstamo basado en pagos y tasas de interés constantes, según explica la definición de la fórmula. Es decir, la fórmula nos ofrece la cuota constante de un préstamo de tipo francés pidiendo los datos siguientes: la Tasa o tipo de interés por periodo del préstamo, el Nper o número total de pagos del préstamo, y el Va o valor actual de la serie de pagos futuros, es decir el capital del préstamo.

Es necesario puntualizar que la mayoría de los préstamos se devuelven y retribuyen mediante cuotas mensuales, no anuales. Por tanto, será el mes el periodo escogido para el ejemplo siguiente, y esto requiere que el tipo de interés nominal anual pase a ser un interés mensual mediante la siguiente fórmula.

interés nominal mensual= interés nominal anual/ 12

Ejemplo 2

Hallar la cuota mensual de un préstamo francés de 10.000 €, a devolver en 2 años a un tipo de interés del 5 % nominal anual. Hallar también el capital amortizado e intereses de la primera y última cuota.

Solución del ejemplo 2

El interés del 5 % nominal anual hay que pasarlo a mensual.

Interés nominal mensual (%)= 5 % /12= 0,416666 %

Para calcular la cuota mensual usamos la fórmula **PAGO** que se encuentra en el menú Fórmulas de Excel, y dentro de éste buscamos en las fórmulas financieras. Introducimos los datos que nos pide la ventana que se abre.

Tasa de 5 %/12 o 0,05/12, lo que es lo mismo que 0,416666 %, o bien 0,00416666.

Nper de 24, por ser 24 mensualidades las del préstamo.

Va de 10.000 que es el principal del préstamo.

La fórmula que queda en la celda desde dónde hemos operado es la siguiente:

=PAGO(0.05/12;24;10000)

Y el resultado que se obtiene es de -438,71 €, que es la cuota para pagar mensualmente al banco por dicho préstamo. La dimensión financiera del préstamo; en la que sobre una línea de tiempo se incluyen flechas hacia arriba y hacia abajo que son las entradas (cobros) y salidas (pagos) de tesorería, respectivamente, es la siguiente:

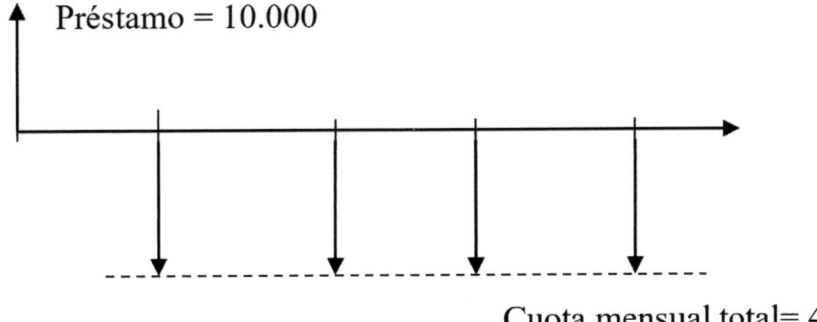

Préstamo = 10.000

Cuota mensual total= 438,71

Como se ha dicho anteriormente, en las cuotas constantes del préstamo francés hay variaciones de unas cuotas a otras en la cuantía del pago de intereses (CFros) y del capital amortizado o principal (CAF). Utilizando las fórmulas **PAGOINT** y **PAGOPRIN** podemos comparar las cuotas 1 y 24 para ver la diferencia de ambos conceptos en el tiempo, a pesar de que se mantiene la cuota total constante. En ambas fórmulas se introducen los mismos datos que para la fórmula PAGO, pero añadiendo el periodo al cual va referida la cuota, en este caso 1 y 24. En ambos casos los datos a introducir son los siguientes:

Tasa 5 %/12

Periodo 1 o bien, 24, según la cuota buscada.

Nper 24

Va 10.000

Las fórmulas que quedan en las celdas desde donde hemos operado para la primera cuota mensual son las siguientes:

=PAGOINT(5 %/12;1;24;10000)

=PAGOPRIN(5 %/12;1;24;10000)

Los resultados obtenidos para la primera cuota son un pago de intereses de -41,67 € y un pago del principal o amortización financiera de -397,05 €, ambos suman la cuota total de -438,71 €.

Las fórmulas que quedan en las celdas desde donde hemos operado para la última cuota mensual son las siguientes:

=PAGOINT(5 %/12;24;24;10000)

=PAGOPRIN(5 %/12;24;24;10000)

Los resultados obtenidos para la cuota número 24, son un pago de intereses de -1,82 € y un pago del principal o amortización financiera de -436,89 €, y ambos vuelven a sumar la cuota total de -438,71 €.

Comparando la primera y última cuota se aprecia como en este tipo de préstamos se comienza pagando un interés más alto respecto a cuotas posteriores, y una amortización financiera más baja respecto a cuotas posteriores. Por consiguiente, hay que pensar la decisión de amortizar anticipadamente el principal del préstamo si se llevan muchas cuotas mensuales pagadas. Debido a que ya se han pagado la mayor parte de los intereses, quedando poca cuantía por pagar de los mismos (poco coste financiero), y lo que queda ya por devolver es el principal en su mayor parte, que puede comprometer la tesorería.

Ejercicio propuesto sobre epígrafe 1.6.

Hallar la cuota mensual de un préstamo francés de 15.000 €, a devolver en 2 años a un tipo de interés del 6 % nominal anual. Hallar también el capital amortizado e intereses de la primera y última cuota total.

1.7. La ampliación de capital social con derechos de suscripción preferente

Las sociedades necesitan unas cuantías mínimas de capital social para ser constituidas. El capital social concede a la empresa de una mayor independencia financiera que los recursos exigibles, al no ser obligatorio su reembolso. Cuando una sociedad ya en funcionamiento realiza una ampliación de capital, sus accionistas pueden disfrutar de un derecho de suscripción preferente de las nuevas acciones para no diluir el valor de su participación en el capital social, salvo que la junta general de accionistas o estatutos de la sociedad acuerde excluirlos. Los derechos de suscripción (DS) permiten a los accionistas comprar nuevas acciones de la empresa a un precio de suscripción predeterminado, o vender dichos derechos, que incluso pueden cotizar en un mercado. En este caso, los que adquieren los derechos pueden comprar las nuevas acciones a emitir, y los antiguos accionistas al vender los DS tampoco pierden el valor de su inversión inicial en acciones tras la nueva emisión. El valor de los DS viene dado por la siguiente fórmula:

VDS= Precio de la acción antes de la ampliación de capital –
Precio de la acción después de la ampliación de capital = PA -PD

O lo que es lo mismo:

$$VDS= PA-[(PA·A+PN·N)/(A+N)]$$

Siendo, PA es el precio de la acción antigua, A es el número de acciones antiguas, PN es el precio de la acción nueva, y N es el número de acciones nuevas. Con esta fórmula la diferencia entre el precio de la acción antes y después de la ampliación es para el accionista antiguo y así no pierden riqueza.

Ejemplo 3

Una empresa tiene un capital social de 100.000 acciones a 8 € de valor nominal, que cotizan a 10 € en el mercado. La empresa va a ampliar capital social con 50.000 acciones a un precio de emisión de 8 €, y se necesitan 2 acciones antiguas o 2 derechos de suscripción (DS) para adquirir 1 nueva acción. Calcular el valor de los derechos de suscripción (VDS), y el nuevo capital propio de la empresa.

Solución del ejemplo 3

Siguiendo la fórmula anterior, se obtiene el siguiente valor de los derechos de suscripción (VDS).

$$VDS = 10 - [(10 \cdot 100.000 + 8 \cdot 50.000)/$$
$$(100.000 + 50.000)] = 10 - 9,33 = 0,67 \text{ €}$$

Los accionistas disponen de unos DS valorado en 0,67 € cada uno, para que puedan vender o adquirir nuevas acciones. Se puede decir que la empresa deja en manos de los accionistas un valor de 100.000 acciones antiguas · 0,67 € = 67.000 € para que la conviertan en dinero y se lo lleven si venden los DS, o que la mantengan en forma de acciones si acuden a la nueva ampliación. Hagan lo que hagan no perderán riqueza con esta ampliación.

Si nos enfocamos en la empresa que emite nuevas acciones y no en los accionistas. Para la empresa dicha ampliación supone pasar de tener un capital social de 800.000 €, que corresponde a 100.000 acciones antiguas de 8 € de valor nominal, a tener un capital social de 1.200.000 €, que corresponde a 150.000 acciones totales de 8 € de valor nominal. Por tanto, hay un incremento de 400.000 € que modifica el capital propio en el balance de la empresa.

Capital propio en Balance postampliación con DS

1.200.000	1.200.000
Activos	**Capital Social**

¿Qué habría ocurrido si la empresa hubiese emitido las nuevas acciones al precio de su cotización actual? Es decir, a 10 € la acción.

$$VDS= 10 - [(10 \cdot 100.000 + 10 \cdot 50.000)/(100.000 + 50.000)] = 10 - 10 = 0 \text{ €}$$

Se pierde el valor del DS, o lo que es lo mismo, la empresa está excluyendo este derecho para los accionistas. Lo que hace que el nuevo capital social de la empresa sea de 1.200.000 €, que corresponde a 150.000 acciones totales de 8 € de valor nominal, y además se crea una reserva por prima de emisión de 100.000 €. Esto se debe a que, la empresa ha emitido acciones a un precio de 10 €, siendo el valor nominal 8 €, resultando una prima de emisión de 2 €.

Precio de emisión de una acción=Valor nominal de una acción + Prima de emisión de una acción

10 €= 8 € + 2 €

Si se multiplica dicha prima por 50.000 acciones nuevas, da un resultado de 100.000 € de reservas totales por prima de emisión, que tienen su contrapartida en un mayor activo conseguido.

Reserva por prima de emisión total= total de acciones emitidas · Prima de emisión de una acción

100.000 €= 50.000 acciones · 2 €

Capital propio en Balance post-ampliación sin DS

1.300.000	1.200.000
Activos	**Capital Social**
	100.000
	Reservas prima emisión

Si se divide la nueva reserva creada entre el número de acciones totales, se obtiene 0,67 €/acción, que ahora están en poder de la empresa en vez de los accionistas que antes gestionaban sus DS. En caso de la existencia de los DS, estos derechos tienen un menor recorrido desde la perspectiva de las empresas que para los accionistas, que son los que van a gestionar sus derechos. Si bien es verdad que, desde el punto de vista de la obtención de recursos, a las empresas les interesa minimizar e incluso anular la existencia de esos derechos.

Ejercicio propuesto sobre epígrafe 1.7.

Una empresa tiene un capital social de 90.000 acciones a 7 € de valor nominal, que cotizan a 10 € en el mercado. La empresa va a ampliar capital social con 50.000 acciones a un precio de emisión de 7 €, y se necesitan 3 acciones antiguas o 3 derechos de suscripción (DS) para adquirir 1 nueva acción. Calcular el valor de los derechos de suscripción (VDS), y el nuevo capital propio de la empresa.

1.8. Consideraciones finales

En el capítulo 1 se ha descrito el balance y su estructura económico-financiera en general. La cuantificación correcta del activo, tanto en el corto como el largo plazo, como en empresas y proyectos de inversión, es el punto de partida para una óptima gestión financiera. Los activos a largo y corto plazo deben ser los necesarios para que la actividad de la empresa fluya sin problemas, sin un sobredimensionamiento innecesario.

Las inversiones necesitan recursos financieros, a los que a veces es difícil acceder, y más a aquellos que comprometen a largo plazo a las empresas y sus financiadores. La capacidad de obtener dinero de otros depende en la mayoría de los casos de las características de las empresas: edad, tamaño, etc., que hacen que no todas las empresas tengan el mismo acceso a todos los recursos. Empresas jóvenes y pequeñas tienen dificultad en acceder a la financiación bancaria entre otras, y deben optar por otros recursos alternativos como Business Angels, familiares, amigos y Crowdfunding entre otros.

La obtención de recursos también depende de los ciclos económicos y financieros, que afectan a esta tarea de financiarse. Un claro ejemplo de estas dificultades está claramente representado en la crisis financiera de 2008 que se vivió duramente en España y en otros países causando graves perjuicios. Muchas empresas se vieron obligadas a cerrar por falta de recursos financieros, desapareciendo no solo la riqueza que creaban si no el Know-how específico de las mismas. Un ejemplo fueron las constructoras, cuya disminución afectó al tejido productivo y por tanto a la economía en general durante un largo periodo de tiempo.

Lo presentado hasta ahora, sirve para poder continuar en el capítulo siguiente con el estudio de conceptos importantes como la rentabilidad que tienen que generar las inversiones o activos, y el coste financiero que producen los recursos. Para que una empresa sea viable, la primera debe ser superior a lo segundo, generando una rentabilidad neta que habrá que maximizar.

CAPÍTULO 2

UNA PRIMERA APROXIMACIÓN AL CÁLCULO DE RENTABILIDADES Y COSTES FINANCIEROS. LA CORRIENTE DE TESORERÍA

2.1. Introducción

El balance de la empresa presentado en el capítulo anterior es fundamental para obtener información económica y financiera relevante para tomar decisiones en cualquier empresa o proyecto. Es necesario destacar que, para la viabilidad económica y el buen funcionamiento financiero, los activos deben de proporcionar una rentabilidad positiva y superior al coste financiero que generan los recursos de la empresa. Esta rentabilidad neta, rentabilidad de activo menos coste de los recursos, debe ser controlada por la dirección de la empresa.

Por tanto, el conocimiento del balance es imprescindible, y la dirección de la empresa se sitúa en medio de éste, gestionando la inversión en activos y los recursos de dónde se obtuvo la financiación necesaria. Por otro lado, la rentabilidad desde la perspectiva de los accionistas es diferente a la anterior. Los intereses de este grupo no tienen que coincidir con la dirección, ya que su inversión no son los activos empresariales, sino su aportación al capital social. Por último, en el presente capítulo se expone la corriente de tesorería, diferente a la corriente de renta, y que será la escogida para continuar con los siguientes capítulos. La corriente de tesorería supera a la de renta, ya que recoge con más exactitud los movimientos de recursos en la empresa, mientras que en la de renta se pueden contabilizar conceptos que no terminen concretándose en tesorería.

2.2. Cálculo de rentabilidades y coste de los recursos

El cálculo de rentabilidades y costes de los recursos es imprescindible en la gestión económica y financiera, tanto de empresas como de cualquier persona que pretenda tener un control sobre sus finanzas. Las rentabilidades y costes se pueden calcular en periodos anuales con las siguientes fórmulas de rentabilidad de los activos (R_A), el coste medio de capital (CMPC) y la rentabilidad neta (Rneta), como diferencia de los dos conceptos anteriores. Es necesario recordar que aún no se ha introducido los efectos del impuesto de sociedades.

$$R_A = \text{BAIT/Activo inicial o medio}$$

$$\text{CMPC} = (CP \cdot K_{CP} + CA \cdot K_{CA})/ (CP + CA) =$$

$$= (\text{dividendos} + \text{CFros})/ (CP + CA)$$

$$\text{Rentabilidad neta} = R_{Activo} - \text{CMPC} = \text{reservas/Activo inicial o medio}$$

Donde, K_{CP} es el coste relativo de los dividendos respecto al capital propio, y K_{CA} es el coste relativo de los intereses respecto al capital ajeno. CP es el capital propio o patrimonio neto y CA el capital ajeno o pasivos, ambos pueden ser los iniciales o una media del periodo escogido.

$$K_{CA} = \text{Costes financieros/Capital ajeno}$$

$$K_{CP} = \text{Dividendos/Capital propio}$$

Además, el BAIT o beneficios antes de intereses e impuestos es la ganancia atribuible al activo exclusivamente, y que será obtenida de la cuenta de resultados del capítulo anterior. Sin embargo, los accionistas estarán más interesados en la rentabilidad obtenida de su inversión en acciones en el capital de la empresa.

Rentabilidad accionistas=Beneficio neto/Capital propio

Ya en estas fórmulas se aprecia las discrepancias entre los accionistas o propietarios y directivos enmarcadas en la teoría de la agencia, según la cual propiedad y gestión de la empresa no siempre comparten los mismos objetivos. La teoría de la agencia reconoce la divergencia de intereses entre los distintos miembros de la organización, que puede alejar a la organización del objetivo financiero de maximización del valor de la empresa. Algunas de las posibles divergencias entre accionistas y directivos provienen de sus diferentes objetivos en: crecimiento, liquidez, dividendos, deuda y desinversiones.

La rentabilidad del activo (ganancia del activo dividido entre activo inicial o promedio) aconseja trabajar con un activo mínimo con el que la empresa lleve a cabo su actividad sin problemas. De esta manera se va a incrementar la rentabilidad del activo, ya que el denominador de la fórmula es menor respecto a otros posibles activos sobredimensionados que obtienen la misma ganancia.

Por esta razón las empresas invierten lo suficiente para funcionar correctamente, y no en aquello que no genera ganancia extra. O mantienen sus activos mientras no sea necesario el cambio de estos porque llevan a cabo su función apropiadamente. El cambio por el cambio, la inversión excesiva o el mantenimiento de activos inadecuados, no conforman una política óptima para optimizar la rentabilidad del activo. Además, si se minimizan los activos, lógicamente se necesitan menos recursos que financien las inversiones, con lo que también se puede conseguir que el coste de estos recursos sea menor, incrementándose la rentabilidad neta de la empresa o proyecto.

2.3. La corriente de tesorería

Otro aspecto importante para tener en cuenta es la existencia de una corriente de tesorería que usa cobros en vez de ingresos y pagos en vez de gastos, superando la corriente de renta expuesta en la cuenta de resultados vista en el capítulo 1. A partir de ahora se va a seguir la corriente de tesorería, de mayor concreción y fiabilidad, ya que toda la corriente de renta no tiene por qué materializarse en tesorería. La contabilidad obliga para tener en cuenta una serie de beneficios y costes que pueden no terminar en un movimiento monetario, por ejemplo, incrementos o pérdidas de valor de activos o ingresos por ventas que no terminarán siendo un cobro. Para seguir la corriente de tesorería se presenta la siguiente cuenta simplificada.

Tabla 2. Cuenta de tesorería

Cuenta de Tesorería
Cobros por venta

- Pagos por materia prima
  - Pagos por manos de obra
  - Pagos por gastos generales

=Cash-flow tesorería=Qi)tesorería
+ Ingresos no relacionados con la explotación - Gastos no relacionados con la explotación - Cuotas de amortizaciones financieras (CAF) - Costes financieros o intereses (CFros) - Dividendos (Div) - Impuestos (T)
= Tesorería del periodo (TS)

2.4. Coste anual de un préstamo de cuotas mensuales

Los recursos producen un coste financiero en las empresas o proyectos que es necesario cuantificar. Generalmente, el estudio y análisis de los proyectos se hace en periodos anuales, sin embargo, la mayoría de los préstamos contratados se caracterizan por tener cuotas mensuales, lo que puede llevar a la aparición de ciertas discrepancias. Una posible solución es tomar la premisa de que todos los movimientos de tesorería producidos durante un año se consideren al final de dicho año. Es decir, todas las salidas de tesorería o cuotas que se producen mensualmente se pueden considerar realizadas a final del año.

Esta premisa es útil a la hora de cuantificar los costes financieros como salidas de tesorería de los recursos, que se pueden restar a los Cash-flows producidos por los activos para terminar obteniendo una tesorería generada anualmente (ver cuenta de tesorería anterior). Sin embargo, para el cálculo relativo anual del coste anual del capital ajeno, la anterior premisa puede llevar a confusión si el préstamo tiene cuotas mensuales y se usa la siguiente fórmula para ese cálculo.

$$K_{CA} = \text{Costes financieros/Capital ajeno}$$

Ejemplo 1

Calcular el coste para el primer año de un préstamo alemán de 10.000 €, a devolver en 2 años de forma mensual y a un tipo de interés del 5 % nominal anual, es decir, un 5 %/12 mensual igual al 0,416666 %.

Solución del ejemplo 1

El préstamo alemán se caracteriza por unas cuotas de amortización financiera constantes y unos costes financieros que disminuyen a medida que se va amortizando el principal del préstamo, como se observa en la tabla siguiente:

Alemán a 2 años mensual	Saldo Inicial	CAF	Saldo final	CFros	Cuota total
1	10000.00	416.67	9583.33	41.67	458.33
2	9583.33	416.67	9166.67	39.93	456.60
3	9166.67	416.67	8750.00	38.19	454.86
4	8750.00	416.67	8333.33	36.46	453.12

Alemán a 2 años mensual	Saldo Inicial	CAF	Saldo final	CFros	Cuota total
5	8333.33	416.67	7916.67	34.72	451.39
6	7916.67	416.67	7500.00	32.99	449.65
7	7500.00	416.67	7083.33	31.25	447.92
8	7083.33	416.67	6666.67	29.51	446.18
9	6666.67	416.67	6250.00	27.78	444.44
10	6250.00	416.67	5833.33	26.04	442.71
11	5833.33	416.67	5416.67	24.31	440.97
12	5416.67	416.67	5000.00	22.57	439.24
13	5000.00	416.67	4583.33	20.83	437.50
14	4583.33	416.67	4166.67	19.10	435.76
15	4166.67	416.67	3750.00	17.36	434.03
16	3750.00	416.67	3333.33	15.62	432.29
17	3333.33	416.67	2916.67	13.89	430.56
18	2916.67	416.67	2500.00	12.15	428.82
19	2500.00	416.67	2083.33	10.42	427.08
20	2083.33	416.67	1666.67	8.68	425.35
21	1666.67	416.67	1250.00	6.94	423.61
22	1250.00	416.67	833.33	5.21	421.87
23	833.33	416.67	416.67	3.47	420.14
24	416.67	416.67	0.00	1.74	418.40

Una vez realizado un cuadro de préstamo con 24 cuotas mensuales que contienen el coste financiero (CFros) y las cuotas de amortización financiera (CAF) de cada mes, se podría sumar los costes financieros de los primeros 12 meses y dividirlo por el capital ajeno inicial para intentar saber el coste anual de dicho préstamo, que intuitivamente se supone será del 5 %, porque los costes financieros mensuales se calcularon con dicho coste anual.

$$K_{CA}\ \text{año1}=385,4105\ \text{€}/10000\ \text{€}=0,03854$$

El resultado obtenido es 3,854 % y no coincide con el 5 % esperado. Esto se debe a que es un préstamo en el que se devuelve el capital o principal mensualmente, y por tanto los intereses se van calculando mensualmente sobre el capital o principal restante. Por tanto, la cifra de 10.000 € usada anteriormente de capital ajeno es inapropiada, siendo mejor usar un promedio de los capitales pendientes de devolver al principio de cada mes durante el año.

$$K_{CA}\ \text{año 1}=385,4105\ \text{€}/7708,333\ \text{€}= 0,05$$

Ahora sí se obtiene el 5 % anual usado para el cálculo de los intereses mensuales. De esta manera sí coincide el coste relativo anual de capital ajeno con el interés nominal anual del préstamo. Si lo hacemos de la misma manera para el año 2, también se obtiene el coste relativo anual de capital ajeno del 5 %.

$$K_{CA}\ \text{año 2}=135,4145\text{€}/ 2708,3333\text{€}= 0,05$$

Para un préstamo de tipo francés con las mismas condiciones de este ejemplo, ocurre el mismo problema. Pero también se solventa usando el promedio de los capitales pendientes de devolver a principio de cada mes durante el año.

Hallar el coste relativo anual de un préstamo con cuotas mensuales mediante esta fórmula, puede parecer una obviedad debido a que da como resultado el 5 % nominal anual del enunciado. Pero hay que tener en cuenta que se ha escogido un ejemplo sencillo, y que no todos los préstamos son así de simples. Muchos de ellos tienen intereses variables y otras características, que hacen del uso de la fórmula anterior una herramienta idónea para el cálculo del coste anual de este recurso.

2.5. El descuento por pronto pago

Una de las posibles maneras de obtener recursos es conseguir financiación proveniente de los propios clientes. Es decir, conseguir dinero disminuyendo el activo, en este caso clientes, en vez de aumentando los recursos. Esta financiación consiste en ofrecer a los clientes un descuento si adelantan el pago de sus facturas sobre los días de crédito que inicialmente se le concedieron. Éste es un caso particular del descuento comercial.

La obtención de tesorería sustituyendo clientes en el balance conlleva un coste financiero implícito, que no supone una salida de dinero específica para pagar un interés. Es necesario conocer el coste financiero anual del descuento por pronto pago (son operaciones de duración menor de un año), para poder compararlo con el coste de otras fuentes financieras a más largo plazo.

Ejemplo 2

Una empresa vende 600.000 €/año y cobra a sus clientes a 60 días. Debido a una falta de liquidez pretende ofrecer a sus clientes un descuento por pronto pago del 3 % sobre factura si pagan antes de 5 días. Se sabe que el 30 % de los clientes aceptarán dicho descuento, y el resto se sigue cobrando a 60 días. Hallar el coste financiero, la tesorería obtenida y la cuantía media de efectos comerciales a cobrar (cuenta de clientes) del balance, que se producen por este cambio en la política de cobro. Considerar el año con 360 días.

Solución del ejemplo 2

La política de cobrar a los clientes a 60 días hace que la empresa tenga el siguiente saldo medio de clientes:

Saldo clientes= (Venta anual/360) ·Periodo Medio de Cobro =

= (600.000/360) ·60= 100.000 €

Al cambiar de política de cobro, el nuevo saldo medio de clientes será el siguiente:

$$\text{Saldo clientes} = (0{,}3 \cdot 600.000/360)$$
$$\cdot 5 + (0{,}7 \cdot 600.000/360) \cdot 60 = 72.500 \text{ €}$$

La disminución de 27.500 € del saldo de clientes (100.000 €-72.500 €), no significa que se haya liberado esa cantidad de dinero. El nuevo saldo es una media pondera por días, proveniente de que durante 5 días el saldo de clientes es 100.000 €, y durante 55 días es 70.000 € (0,3·100.000 €).

Además, se va a producir un coste financiero que se traduce en unas pérdidas en la Cuenta de Pérdidas y Ganancias y por consiguiente una disminución de las reservas. La cuantía será el 3 % sobre el 30 % de los clientes que aceptan el descuento.

$$\text{Coste financiero} = \% \text{ descuento pronto pago} \cdot$$
$$\text{Clientes que aceptan el descuento}$$

$$\text{Coste financiero} = 0{,}03 \cdot 0{,}3 \cdot 100.000 = 900 \text{ €}$$

Este coste financiero no es anual, si no el resultado de ofrecer el descuento sobre un saldo de clientes de 100.000 €. Si se quiere obtener el coste anual será necesario hacer el siguiente cálculo:

$$\text{Coste financiero anual} = 0{,}03 \cdot 0{,}3 \cdot 600.000 = 5.400 \text{ €}$$

El descuento va a hacer que la empresa convierta en liquidez parte de sus clientes, más concretamente el 30 % de 100.000 €, lo que supone en principio 30.000 € a los que hay que restar los 900 € del coste financiero. Por tanto, se obtiene lo siguiente:

$$\text{Tesorería final conseguida} = \text{Clientes que aceptan}$$
$$\text{el descuento - Costes financieros}$$

$$\text{Tesorería final conseguida} = 30.000 - 900 = 29.100 \text{ €}$$

Este tipo de operación podría parecer «barata» en un primer momento, debido a que los tipos de interés de los descuentos por pronto pago parecen bajos respecto a otras financiaciones. Pero para poder hacer comparaciones es necesario calcular el coste anual de dicho descuento, porque se suele comparar con el coste anual de otros recursos, por ejemplo, los préstamos bancarios.

Para esto hay que enfocarse solo la operación financiera, que consiste en que el 30 % de los clientes aceptan el descuento, 0.3·100.000 €, y la empresa obtiene 30.000 € menos el coste financiero de 900 € calculado antes. Se aplica la fórmula TIR que se verá más adelante (es necesario adelantarse en este ejemplo) a la siguiente dimensión financiera o diagrama de flujos de tesorería en el tiempo que genera el descuento por pronto pago.

Dimensión financiera del descuento por pronto pago

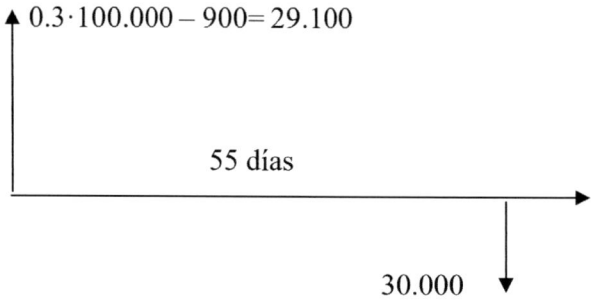

Obtener 29.100 € en un momento actual, en vez de 30.000 € dentro de 55 días (recordemos que el descuento se producía al 5.° día y por tanto hay un adelanto de 60 menos 5 días que es igual a 55 días), conlleva el coste del descuento (K_d) de a 0,03092 o el 3,092 %. El cual se obtiene de la siguiente fórmula:

$$0 = 29.100 - 30.000 / (1+K_d)$$

K_d no coincide con el coste inicial del 3 % dado en el enunciado debido a que dicho coste sería en el momento inicial (día 5.°) por ser precisamente un descuento, y no en el momento final después de haber transcurrido los 55 días. El coste que se produce en 55 días se puede pasar a anual mediante la siguiente fórmula que usa el interés simple, proporcionando un interés anual del 20,24 % que ahora es comparable con otros recursos de intereses anuales.

$$(1+i_{anual}) = [1+ (360/n) \cdot i_n]$$

$$(1+i_{anual}) = [1+ (360/55) \cdot 0,03092]$$

i anual = 0,2024 que es igual a un coste anual del 20,24 %.

Ejercicio propuesto sobre epígrafe 2.5.

Una empresa vende 500.000 €/año cobra a sus clientes a 45 días. Debido a una falta de liquidez pretende ofrecer a sus clientes un descuento por pronto pago del 3 % sobre factura si pagan al contado. Se sabe que todos los clientes aceptarán dicho descuento. Hallar el coste financiero, la tesorería obtenida y la cuantía media de efectos comerciales a cobrar (cuenta de clientes) del balance, que se producen por este cambio en la política de cobro.

2.6. El apalancamiento

El efecto palanca es el que se produce cuando al endeudarse una empresa sube la rentabilidad del accionista aprovechando, o usando como palanca, que la rentabilidad del activo (R_A) es superior al coste del capital ajeno (K_{CA}). En este caso, se crea un excedente después de haber retribuido todos los recursos que es para el accionista. En el siguiente ejemplo se puede apreciar el efecto palanca sin tener en cuenta aún la relevancia del impuesto de sociedades en dicho efecto.

Ejemplo 3

Una empresa presenta la siguiente estructura económico-financiera (balance I), con sus respectivas rentabilidades y costes.

Figura 4. Rentabilidad de activo y costes de los recursos en balance I

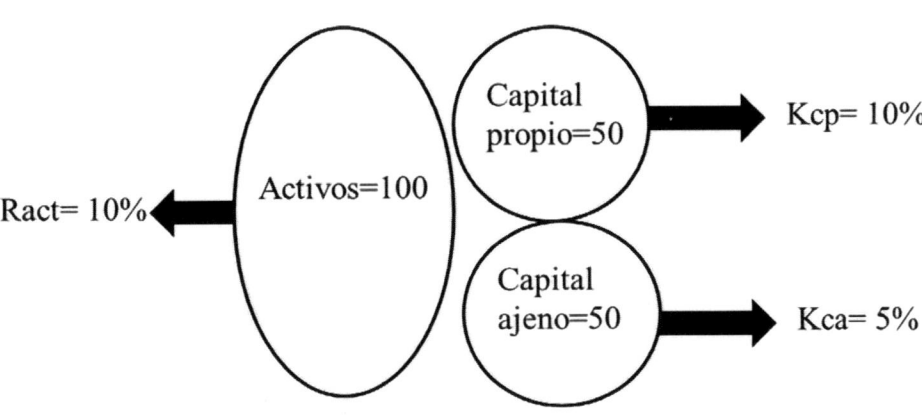

Si se trabaja en miles de euros, en vez de en porcentajes, se obtiene la rentabilidad neta como se expone a continuación (ver cuenta de resultados y fórmulas de rentabilidades anteriores).

$$\text{Rentabilidad neta} = \text{BAIT} - \text{costes financieros} - \text{dividendos} = \text{reservas}$$

Siendo la rentabilidad del activo (R_A):

$$R_A = \text{BAIT/Activo}$$

Es decir, la ganancia que produce el activo o beneficio antes de intereses e impuestos (BAIT) dividido entre el activo a principio del ejercicio o entre una media del activo a lo largo del ejercicio. Por tanto:

$$\text{BAIT} = 0,1 \cdot 100$$

$$\text{Rentabilidad neta} = 0,1 \cdot 100 - 0,05 \cdot 50 - 0,1 \cdot 50 = 10 - 2,5 - 5 = 2,5 \text{ miles } €$$

Lo que genera la siguiente rentabilidad del accionista:

$$\text{Rentabilidad del accionista} = \text{dividendos} + \text{reservas} = 5 + 2,5 = 7,5 \text{ miles } €$$

¿Se produciría el efecto palanca para los accionistas si la empresa se tiene que endeudar en 50.000 euros?

Solución del ejemplo 3

Se cumple la premisa que $R_A > K_{CA}$, por lo que debería darse dicho efecto e incrementarse la rentabilidad de los accionistas. La nueva estructura económico-financiera (balance II) es la siguiente:

Figura 5. Rentabilidad de activo y costes de los recursos en balance II

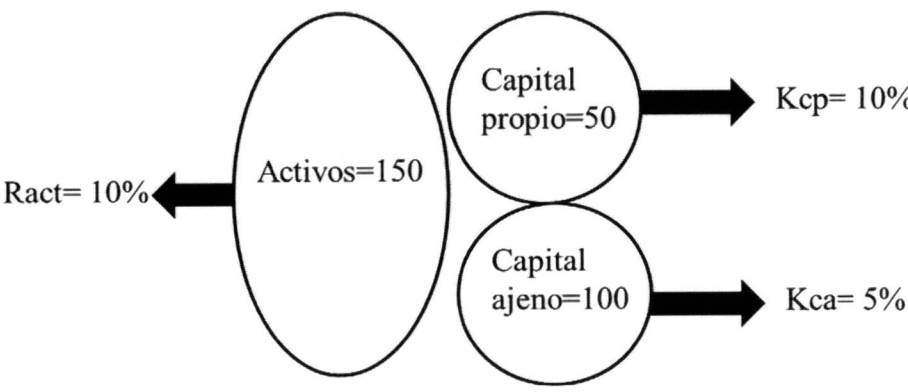

El cálculo de las rentabilidades da los siguientes resultados:

Rentabilidad neta = BAIT – costes
financieros – dividendos= reservas

Rentabilidad neta = $0,1 \cdot 150 - 0,05 \cdot 100 -$
$0,1 \cdot 50 = 15 - 5 - 5 = 5$ miles €

Rentabilidad del accionista = dividendos
+ reservas = 5 + 5 = 10 miles €

Por tanto, ha subido la rentabilidad del accionista como se esperaba. ¿Pero que hubiera ocurrido si se cumple la premisa de que la $R_A > K_{CA}$, pero no se ha generado una rentabilidad neta? En ese caso supongamos que la anterior estructura económica-financiera sufre la siguiente variación de los costes financieros (balance III), que agota la posibilidad de obtener reservas.

Figura 6. Rentabilidad de activo y costes de los recursos en balance III

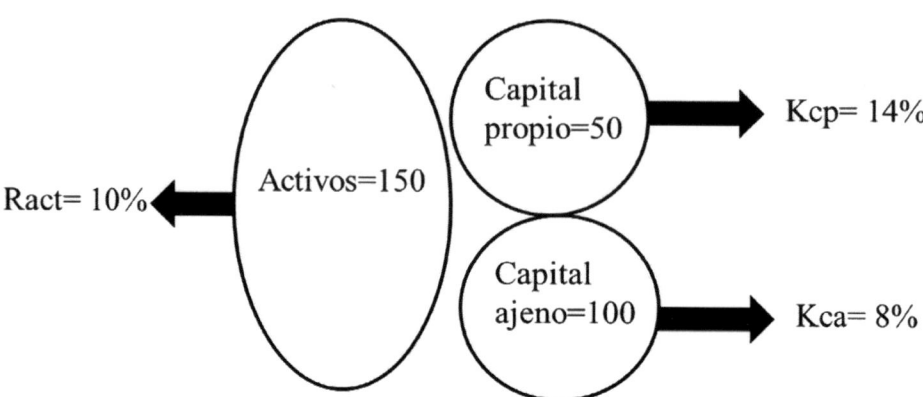

Las rentabilidades dan los siguientes resultados ahora:

Rentabilidad neta = BAIT – costes
financieros – dividendos= reservas

Rentabilidad neta = 0,1·150 – 0,08·100 –
0,14·50 = 15 - 8 - 7= 0 miles €

Rentabilidad del accionista = dividendos
+ reservas = 7 + 0 = 7 miles €

Aunque se cumple la premisa anterior, no se ha generado el excedente o reservas que forman parte de la rentabilidad del accionista. Además, al no haberse podido incrementar lo suficiente los dividendos, la rentabilidad de los accionistas ha disminuido. Más concretamente a 7 miles €, frente a 7,5 miles € que había al principio.

Por tanto, sin tener en cuenta los impuestos, puede ocurrir en ciertos casos que para darse el efecto palanca se necesite la generación de una rentabilidad neta o reservas suficientes, y/o un incremento de dividendos que ayude a aumentar la rentabilidad del accionista.

2.7. La estafa financiera piramidal

El estudio de la rentabilidad del activo, coste de los recursos y rentabilidad neta usados en el ejemplo anterior, sirve para explicar un tipo de fraude financiero más extendido de lo que parece: la estafa financiera piramidal. Consiste en ofrecer grandes rentabilidades a los inversores o financiadores de la empresa, lo que supone también un gran coste de los recursos para la empresa que está solicitando financiación. La estafa proviene de que el dinero conseguido con esa financiación no se va a poner a «trabajar» en un activo tan rentable que pueda generar suficiente rentabilidad neta. Es decir, el activo no genera ingresos suficientes que superen el alto coste de la retribución de esos recursos. Por tanto, la rentabilidad neta será negativa. ¿Cómo se va a pagar lo prometido a los financiadores en un principio? La respuesta es simple, con nueva tesorería que proviene de nuevos inversores externos, creando una pirámide que se rompe en cuanto no se suman nuevos inversores incautos a este proceso. Ni que decir tiene que los primeros financiadores suelen ganar mucho dinero, que perderán los últimos que entren en esta cadena.

En estos casos, no suele existir activo funcional que genere rentabilidad de activo (R_A), si no que el activo es simplemente tesorería, que se agota en cuanto se para la entrada de nuevos y muy costosos recursos. La pregunta que todo posible inversor o financiador debería de hacerse en estos casos es por qué la empresa que les ofrece altísimas rentabilidades (altísimo coste financiero para la empresa solicitante de los recursos), no acude a una financiación más barata como podría ser la bancaria.

Ejemplo 4

Teniendo en cuenta el balance I del ejemplo 3, ¿cuántos años es capaz la empresa de retribuir sus recursos, si K_{CP} y K_{CA} ascienden al 25 %? Muy superior a las retribuciones exigidas en los mercados, pero útil para ir captando nuevos financiadores. Además, no va a haber una inversión en activos funcionales (lo que conlleva una R_A igual al 0 %), si no que se va a mantener todos los recursos en tesorería con la finalidad de ir retribuyendo lo «prometido».

Solución del ejemplo 4

Sin tener en cuenta gasto alguno excepto el coste de los recursos (aunque la empresa tendrá en realidad algún coste de personal y otros gastos), y sabiendo que no va a generar ingreso de explotación relevante alguno. El cálculo de los recursos indica que cada año se necesitan el 25 % de 100.000 €, es decir 25.000 € para retribuir la financiación. Por tanto, en 4 años (100.000 €/25.000 €) la empresa desaparecerá si no entra más tesorería a través de nuevos financiadores, lo cual es lógico al tener una rentabilidad neta negativa del 25 % como mínimo (rentabilidad neta = R_A – Coste medio ponderado de capital= 0 % -25 %). Incluso, no se devolverán si quiera los 50.000 € del capital ajeno y perdiendo los accionistas otros 50.000 € de capital social aportados.

En este caso que hemos supuesto no se conseguían más recursos que los iniciales, se observa que ni los primeros inversores alcanzan la rentabilidad que ellos esperaban. Porque si bien han obtenido unos altos dividendos e intereses, no se les ha devuelto sus aportaciones iniciales.

2.8. La tesorería generada en la empresa o proyecto cuando se hace coincidir corriente de renta con la de tesorería

Siguiendo a Durbán y otros (2020), se va a tomar la premisa de igualar ingresos por venta con los cobros de ventas, y los costes de ventas con a los pagos de esos costes. Esta premisa implica que la empresa mantenga los saldos de clientes y proveedores en el tiempo, es decir que sus variaciones sean 0, según las fórmulas siguientes:

Cobro por venta anual= Ingresos por ventas- Variación de clientes (saldo final del año-saldo inicial del año)

Pagos de explotación= Gastos de explotación- Variación de proveedores y otras cuentas por pagar (saldo final del año-saldo inicial del año)

Si además no hay variaciones de stocks, coincidirían el Cash-flow renta ($Q_{i)renta}$) y tesorería ($Qi_{)tesorería}$) de cada periodo i, obtenidos de sus respectivas cuentas de resultados y tesorería. Supongamos también que: impuestos, dividendos y otros ingresos y gastos no relacionados con la explotación se pagan conforme se devengan. Si se igualan las descomposiciones de ambos Cash-flow se obtiene la siguiente fórmula de tesorería eliminando los términos que coinciden a ambos lados del signo igual.

$$Q_{i)renta} = Q_{i)tesorería}$$

$$+ \text{ otros ingresos} - \text{otros gastos} + CAC + CFros + T + Div + Res =$$

$$= + \text{ otros ingresos} - \text{otros gastos} + CAF + CFros + T + Div + TS$$

$$+ \cancel{\text{otros ingresos}} - \cancel{\text{otros gastos}} + CAC + \cancel{CFros} + \cancel{T} + \cancel{Div} + Res =$$

$$= + \cancel{\text{otros ingresos}} - \cancel{\text{otros gastos}} + CAF + \cancel{CFros} + \cancel{T} + \cancel{Div} + TS$$

$$CAC + RES = CAF + TS$$

$$TS = CAC + RES - CAF$$

La fórmula indica que la tesorería generada (TS) en la empresa en cada periodo, teniendo en cuenta las premisas tomadas, es igual a las cuotas de amortización contable (CAC) más las reserva (RES) menos las cuotas de amortización financiera (CAF) del periodo. Es decir, autofinanciación de mantenimiento más autofinanciación de crecimiento menos devolución de recursos financieros.

Respecto a la amortización contable, hay que puntualizar la necesidad de que se haya hecho realmente. Es decir, que se haya ido cobrado en el precio de venta de los productos o servicios el concepto de amortización contable. No basta con hacer un asiento contable para amortizar realmente. A un Cash-flow negativo se le puede restar la CAC y dar un beneficio antes de intereses e impuestos también negativo. Pero en ese caso la amortización no se ha dotado realmente, es meramente un apunte contable. También se ha debido cobrar a través del precio de venta una reserva, que es la autofinanciación de crecimiento de la empresa. Por último, la suma de ambos conceptos debe ser superior a la devolución de recursos para que la tesorería sea positiva.

Aquellas empresas que están muy endeudadas (una estructura financiera muy apalancada) o que amortizan financieramente muy rápido (ambos casos suponen una alta CAF frente a la suma de CAC más RES), tendrán problemas de tesorería. Aquellas empresas que entre sus objetivos se encuentra reducir pasivos y autofinanciarse, no lo podrán cumplir si cuando haya que renovar activos ocurre lo siguiente: no disponen de la suficiente tesorería del fondo de amortización (pueden haberlo ido usando a través de los años), y/o no disponen de unas suficientes reservas para afrontar la sustitución de los activos que hayan subido de precio en el tiempo o la inversión en nuevos activos para crecer. En estos casos tendrán que volver a endeudarse para adquirir nuevos activos, debido a la falta de tesorería necesaria.

Es necesario puntualizar que, al considerar las premisas ya explicadas, se ha prescindido de otro tipo de tesorería que se podrían obtener adelantando cobros o retrasando pagos. También se prescinde de la tesorería que se pudiese generar por nuevos recursos o venta de activos.

Ejemplo 5

Una empresa presenta las siguientes cuentas de resultados y tesorería previsional en €. Explicar el problema de liquidez que presenta con ayuda de la fórmula de tesorería anterior, analizando su situación.

Cuenta de Resultados	1	2
Qi)renta - CAC	+ 35.000 - 12.000	+ 35.700 - 12.000
= BAIT Costes financieros	+ 23.000 - 4.453	+ 23.700 - 3. 453
= Bº Bruto (BAT) - Impuestos (T)	+ 18.547 - 4.637	+ 20.247 - 5.062
Bº Neto - Dividendos	+ 13.910 - 5.000	+ 15.185 - 5.000
= Reserva. generada	+ 8.910	+ 10.185

Tesorerías	1	2
Qi)tesor - CAF	+35.000 - 25.000	+35.700 - 25.000
Costes financieros	- 4.453	- 3.453
- Impuestos	- 4.637	- 5.062
- Dividendos	- 5.000	- 5.000
= Tesorería generada	- 4.090	- 2.815

Solución del ejemplo 5

Si nos fijamos en los términos de la fórmula de tesorería presentada en este apartado (obtenida con las condiciones ya explicadas), se puede apreciar que la empresa muestra unas cuotas de amortización financieras anuales muy altas de 25.000 € cada año. Sin embargo, las amortizaciones contables más las reservas generadas en el año 1 y 2 ascienden a 20.910 € y 22.185 €. Por consiguiente, se observa un problema de liquidez con elevadas tesorerías negativas en los años 1 y 2 de -4.090 € y -2.815 €, respectivamente. A pesar de que la empresa es rentable y genera altas reservas, la tesorería generada con la autofinanciación de la empresa no es suficiente para la devolución de los recursos financieros.

$$TS_i = CAC_i + RES_i - CAF_i$$

$$TS1 = 12.000 + 8.910 - 25.000 = - 4.090 €$$

$$TS2 = 12.000 + 10.185 - 25.000 = - 2.815 €$$

Para solventar el problema, hay que replantearse la estructura financiera, pidiendo menos recursos exigibles frente a no exigibles, o negociar un periodo de devolución del pasivo superior al previsto. También, se podría intentar generar más reservas disminuyendo gastos o incrementando ingresos. Aumentar la amortización contable durante los años de devolución del préstamo podría ser otra opción. Por último, se podría incrementar la tesorería adelantando cobros a clientes y retrasando pagos a proveedores. También pidiendo nuevos recursos, pero esta forma no soluciona el verdadero problema de liquidez que tiene la empresa y sería raro que en estas condiciones se obtuviese nuevos recursos financieros.

2.9. Consideraciones finales

Este capítulo profundiza en los activos como generadores de una rentabilidad que debe ser superior al coste financiero de los recursos, para que se produzca una rentabilidad neta positiva que asegure la viabilidad económica de la empresa. Para calcular las rentabilidades y costes se han expuesto unas fórmulas de las que se pueden obtener unos resultados anuales. Dichas fórmulas usan datos de la cuenta de resultados que está en corriente de renta. Además, se ha visto la utilidad de estas fórmulas para exponer conceptos como el apalancamiento financiero, el cálculo de costes financieros de algunos recursos muy usados por las empresas, y explicar un tipo de fraude financiero bastante extendido.

También se ha presentado la corriente de tesorería, más adecuada debido a que es más exacta y precisa que la de renta. De hecho, no toda la renta termina convirtiéndose en tesorería, o tarda algunas veces demasiado tiempo. Por tanto, la corriente de tesorería será la elegida para las variables que se toman en los métodos se selección y valoración de inversiones a presentar en el último capítulo. Para poder utilizar esos métodos es necesario definir las variables que se introducirán en sus fórmulas, que será el objetivo del siguiente capítulo.

CAPÍTULO 3

DETERMINACIÓN DE VARIABLES A USAR EN LOS MÉTODOS DE SELECCIÓN DE PROYECTOS DE INVERSIÓN

3.1. Introducción

Hasta ahora se han calculado las rentabilidades y costes financieros mediante ratios, en los cuales numerador y denominador de cada fórmula varían anualmente, y por tanto sus resultados, lo que hace que se compliquen los cálculos previsionales a medida que se avanza en el tiempo. Además, se ha seguido la corriente de renta que no es tan concreta como la de tesorería. Para solventar estos inconvenientes se usarán los métodos de valoración y selección de inversiones y financiaciones que se presentarán en el capítulo 4. Entre sus muchas ventajas se encuentra que se obtiene un solo resultado válido para todo el proyecto de varios años de duración. Pero antes es necesario exponer las variables que se usarán en estos métodos, porque es la corriente de tesorería la que elegimos para continuar trabajando.

Debido a que los activos generan rentabilidad y los recursos financieros producen un coste, es necesario diferenciar entre los flujos de tesorería relacionados con la inversión o activo y aquellos relacionadas con la financiación o recursos. La finalidad es usar los flujos por separado según se estudien las inversiones o financiaciones. Además, seguimos usando el concepto de balance económico-financiero, en el que el activo será la inversión inicial que coincidirá con la cuantía de los recursos financieros. Sin embargo, se va a escoger la estructura permanente del balance, es decir, los recursos a largo plazo y aquellos activos que financian. Esta estructura es más estable en el tiempo y supone prescindir de aquella parte del balance con más movimientos debido a la actividad diaria empresarial.

3.2. Variables relacionadas con activos y con recursos financieros

Respecto a los flujos de tesorería que generan los activos, se encuentran los siguientes: inversión en activos inicial (A), flujos de caja que generan anualmente la inversión en activos ($Q_{i)ai}$), obtenidos de la cuenta de tesorería, y el valor de venta o valor residual de la inversión inicial ($VRn_{)ai}$). Respecto a los flujos de tesorería que generan los recursos habrá que tener en cuenta: la cuantía total de capital propio y ajeno que va a coincidir con la inversión inicial (CP+CA), pago de dividendos (div), pago de intereses o costes financieros ($CFros_{)ai}$), y amortizaciones financieras de los recursos (CAF). A las variables que se verán afectadas por el impuesto de sociedades (I.S.), se les añade la información de que están calculadas sin tener en cuenta dicho impuesto, es decir, que son variables antes de impuestos (ai).

3.3. El impuesto de sociedades

El impuesto de sociedades (I.S.) genera un flujo de tesorería relevante en la empresa. Para calcular la cuota a pagar T (ver cuenta de resultados en capítulo primero) se sigue el siguiente esquema, escogiendo en principio el tipo impositivo (t) general del 25 %.

Figura 7. Esquema del cálculo de la cuota a pagar del I.S.

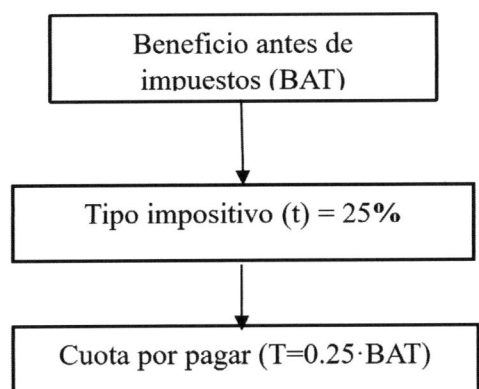

Debido a la reducción de rentabilidad que supone a las empresas, habrá que tener en cuenta la salida de tesorería que supone la cuota a pagar T según la cuenta de resultados presentada. Dicha cuota se calcula de la siguiente forma[1]:

$$T= (\text{ventas - costes de ventas – amortización contable – Costes financieros}) \cdot t$$

$$T= (Q_{i)ai} - CAC - CFros_{)ai}) \cdot t$$

El problema es que la cuota a pagar por dicho impuesto (T), se calcula teniendo en cuenta tanto variables relacionadas con la inversión: $Q_{i)ai}$ y cuotas de amortización contable (CAC), como los costes financieros ($CFros_{)ai}$) que se relacionan con la financiación. Por tanto, T no es una variable que pertenezca a la inversión o financiación completamente. Sin embargo, se toma como premisa el estudio de las variables que afectan a inversiones y financiaciones por separado.

Una posible solución para poder «colocar» este movimiento de tesorería entre los que producen los activos o los recursos, es distribuir el pago del impuesto (T) entre aquellas variables afectadas, con-

---

1. Con el objetivo de simplificar, no se incluyen ingresos ni gastos que no estén relacionados con la explotación principal de la empresa.

virtiéndolas en variables después de impuestos. Para ello se transforman las variables antes de impuestos (ai) expuestos anteriormente, en después de impuestos (di). Respecto a los Cash-flows:

$$Q_{i)di} = Q_{i)ai} - \text{parte del Impuesto de sociedades referido a } Q_{i)ai}$$

$$Q_{i)di} = Q_{i)ai} - (Q_{i)ai} - CAC) \cdot t$$

$$Q_{i)di} = Q_{i)ai} \cdot (1-t) + CAC \cdot t$$

Respecto a los costes financieros:

$$CFros_{)di} = CFros_{)ai} - \text{parte del Impuesto de}$$
$$\text{sociedades referido a } CFros_{)ai}$$

$$CFros_{)di} = CFros_{)ai} - (CFros_{)ai}) \cdot t$$

$$CFros_{)di} = CFros_{)ai} \cdot (1-t)$$

Respecto al valor residual o de venta de los activos, al tributarse por el incremento de patrimonio que se produce en la venta, la variable después de impuestos queda así:

$$VR_{n)di} = VR_{n)ai} - \text{parte del Impuestos generados por el VR}$$

$$VR_{n)di} = VR_{n)ai} - (\text{incremento de patrimonio}) \cdot t$$

Siendo t el tipo de gravamen, que generalmente es del 25 %. Sin embargo, esta elección de cálculo puede que nos induzca al error de no diferenciar entre t (el tipo impositivo o de gravamen de la empresa) y una tasa de impuesto promedio. Esta tasa promedio se obtiene teniendo en cuenta la totalidad de conceptos que se usan para calcular la cuota líquida del impuesto de sociedades, según el siguiente esquema de liquidación de la normativa tributaria de dicho impuesto.

Tabla 3. Esquema de liquidación del impuesto de sociedades

BASE IMPONIBLE (BAT)

(X) Tipo de gravamen (t, generalmente el 25 %)

= CUOTA ÍNTEGRA (T=0.25·BAT)

(-) Deducciones por doble imposición

(-) Bonificaciones

= CUOTA ÍNTEGRA AJUSTADA POSITIVA

(-) Deducciones por inversiones, por creación de empleo y por contribuciones a sistemas de previsión social empresarial

= CUOTA LÍQUIDA

Según este esquema (el esquema total de liquidación es más amplio, pero solo nos interesa lo mostrado), la cuota líquida no tiene que coincidir con la cuota a pagar T, que en realidad corresponde a la cuota íntegra del I.S. La cuota líquida es más idónea a la hora de tener en cuenta la realidad en la gestión de un impuesto tan importante para las empresas. El concepto de tasa o tipo de impuesto promedio sería igual al pago total del impuesto o cuota líquida dividida entre la base imponible o BAT.

Tipo promedio del I.S. (t´) = Cuota Líquida/Base imponible

La diferencia existente entre la cuota líquida y la cuota íntegra es debido a que existen conceptos de bonificaciones y deducciones (algunas muy importantes como las de creación de empleo). Al tener en cuenta esas bonificaciones y deducciones disminuye la cuota líquida, por tanto, el tipo promedio. El uso de t´ para calcular la cuota a pagar T del del impuesto de sociedades se ajusta al pago real de las empresas.

Ejemplo 1

Sean las siguientes cuentas de resultados en miles de euros de dos empresas. En la primera se ha calculado el impuesto a pagar T de la manera simplificada, ascendiendo a 25 miles de €, y que es en realidad una cuota íntegra que se obtiene multiplicando el tipo de gravamen general del 25 % (t) por el BAT. Por tanto, supone que la cuota íntegra es igual a la cuota líquida. Sin embargo, en la segunda cuenta de resultados, el impuesto a pagar se ha obtenido teniendo en cuenta bonificaciones y deducciones. Es decir, T es una cuota líquida de 20 miles de € en vez de 25 miles de €. ¿Cuáles serían los tipos promedios del I.S.?

Cuenta de Resultados	Empresa 1	Empresa 2
$Q_{i)renta)ai}$ - CAC total	+ 150 - 25	+ 150 - 25
= BAIT - CFros	+ 125 - 25	+ 125 - 25
= Bº Bruto (BAT) - Impto. Soc. (T)	+ 100 - 25	+ 100 - 20
Bº Neto	+ 75	+ 80

Solución del ejemplo 1

En el primer caso el tipo promedio (t´), es igual a T/BAT=25/100=0,25, que coincide con el tipo de gravamen (t) y puede ser una solución rápida para tratar este tema del I.S. Pero en el segundo caso el tipo promedio t´ es igual a T/BAT=20/100=0,20, que no coincide con el tipo de gravamen, y es una solución más realista al tratamiento del I.S.

Las variables después de impuestos, tanto de las inversiones como de la financiación, arrojarán diferentes resultados según se use t o t´. Si se toman las siguientes variables:

$$Q_{i)di}=Q_{i)ai} \cdot (1-t)+CAC \cdot t$$

$$CFros_{)di}= CFros_{)ai} \cdot (1-t)$$

Para la primera empresa, el tipo promedio del 0,25 muestra los siguientes resultados:

$$Q_{i)di}=150 \cdot (1-0,25)+25 \cdot 0,25= 118,75 \text{ miles de } €$$

$$CFros_{)di}= 25 \cdot (1-0,25)=18,75 \text{ miles de } €$$

Para la segunda empresa, el tipo o tasa promedio del 0,2 hace que haya una modificación en los resultados de las variables después de impuestos.

$$Q_{i)di}=150 \cdot (1-0,20)+25 \cdot 0,20= 125 \text{ miles de } €$$

$$CFros_{)di}= 25 \cdot (1-0,20)=20 \text{ miles de } €$$

La tasa promedio t´ no tiene que ser la misma para todas las empresas. Además, no tiene que coincidir con el tipo general de gravamen del I.S. (t) del 25 %. La opción del tipo promedio es preferible, al escoger como T lo que pagará realmente la empresa en concepto del I.S., es decir, la cuota líquida en vez de la cuota íntegra.

3.4. Rentabilidades y costes teniendo en cuenta el impuesto de sociedades

Una vez presentado el I.S., el pago de dicho impuesto (T) va a afectar a las fórmulas de rentabilidades y costes explicadas en el capítulo anterior. Para estudiar este efecto es necesario hacer el cálculo de T según la cuenta de resultados (se usará el tipo promedio t´).

$$T = (Q_{)ai} - CAC - CFros_{)ai}) \cdot t´=$$
$$= (BAIT_{)ai} - CFros_{)ai}) \cdot t´=$$
$$= BAIT_{)ai} \cdot t´ - CFros_{)ai} \cdot t´$$

Se observa como el cálculo del pago del impuesto de sociedades se hace teniendo en cuenta algunos los términos de las fórmulas vistas.

$$\text{Rentabilidad del Activo} = BAIT/Activo$$
$$CMPC = (CP \cdot K_{CP} + CA \cdot K_{CA})/ (CP + CA)=$$
$$= (dividendos + CFros)/ (CP + CA)$$
$$\text{Rentabilidad neta} = R_{Activo} - CMPC$$

Los términos de las fórmulas anteriores que se usan para el cálculo de T se deben modificar si se quiere tener en cuenta el efecto del impuesto en los cálculos de los ratios. Con esta finalidad se elaboran las variables después del impuesto (di), restando a la variable antes del impuesto (ai) la parte de T que le corresponde a esa variable.

$$BAIT_{)di} = BAIT_{)ai} - \text{Imptos del BAIT} = BAIT_{)ai} - BAIT_{)ai} \times t´=$$
$$= BAIT_{)ai} (1-t´)$$
$$CFros_{)di} = CFros_{)ai} - \text{Imptos del CFros} = CFros_{)ai} - CFros_{)ai} \times t´ =$$
$$= CFros_{)ai} (1-t´) = CA \cdot K_{ca} \cdot (1-t´)$$

Por tanto, una vez considerado el I.S. las fórmulas después de impuestos quedan de la siguiente manera:

$$\text{Rentabilidad del Activo}_{)di} = BAIT\ (1\text{-}t')/\text{Activo}$$

$$CMPC_{)di} = [CP \cdot K_{CP} + CA \cdot K_{CA} \cdot (1\text{-}t')]/\ (CP + CA) =$$

$$= [\text{dividendos} + CFros_{)ai}\ (1\text{-}t')]/\ (CP + CA)$$

Lo cual afecta a sus resultados, que serán diferentes a las rentabilidades y costes obtenidos sin considerar el efecto del impuesto. La rentabilidad neta queda igual que antes.

$$\text{Rentabilidad neta} = R_{Activo} - CMPC$$

Ejemplo 2

Una empresa presenta la siguiente cuenta de resultados en €. Los activos iniciales y recursos totales ascienden a 200.000 €. Calcular rentabilidad de activo, coste medio ponderado de capital y rentabilidad neta para el año 1, sin considerar y considerando el efecto del I.S.

Cuenta de Resultados	Año 1
Qi)renta	+ 35.000
- CAC	- 12.000
= BAIT	+ 23.000
Costes financieros	- 4.453
= Bº Bruto (BAT)	+ 18.547
- Impuestos (T)	- 4.037
Bº Neto	+ 14.510
- Dividendos	- 5.000
= Reserva. generada	+ 9.510

Solución del ejemplo 2

Si no se considera el I.S., por tanto, no se considera la disminución de rentabilidad que supone el I.S. en las empresas, habrá que aplicar las siguientes fórmulas:

$$\text{Rentabilidad del Activo} = \text{BAIT/Activo} = 23.000/200.000 =$$

$$= 0,115$$

$$\text{CMPC} = (\text{CP} \cdot \text{K}_{CP} + \text{CA} \cdot \text{K}_{CA})/ (\text{CP} + \text{CA}) =$$

$$= (\text{dividendos} + \text{CFros})/ (\text{CP} + \text{CA}) =$$

$$= (5.000+4.453)/200.000 = 0,0473$$

$$\text{Rentabilidad neta} = \text{R}_{Activo} - \text{CMPC} = 0,115-0,0473 = 0,0677$$

Si se considera el I.S. es necesario el cálculo de la tasa o tipo promedio explicada en el apartado anterior (t′). T se ha debido calcular teniendo en cuenta la cuota líquida y no la cuota íntegra.

$$\text{Tipo impositivo promedio (t′)} = \text{T/BAT} = 4.037/18.547 = 0,22$$

$$\text{Rentabilidad del Activo}_{)di} = \text{BAIT (1-t′)/Activo} =$$

$$= 23.000 \ (1-0,22)/200.000 = 0,09$$

$$\text{CMPC}_{)di} = [\text{CP} \cdot \text{K}_{CP} + \text{CA} \cdot \text{K}_{CA} \cdot (1-t′)]/ (\text{CP} + \text{CA}) =$$

$$= [\text{dividendos} + \text{CFros}_{)ai} \ (1-t′)]/ (\text{CP} + \text{CA}) =$$

$$= [5.000+4.453 \ (1-0,22)]/200.000 = 0,042$$

$$\text{Rentabilidad neta} = \text{R}_{Activo} - \text{CMPC} = 0,09-0,042 = 0,048$$

Se observa como los resultados han cambiado debido al impuesto de sociedades. Su efecto ha hecho disminuir la rentabilidad del activo y la rentabilidad neta, a pesar de que también ha disminuido el coste medio ponderado de capital.

Ejercicio propuesto sobre epígrafe 3.4.

Una empresa presenta la siguiente cuenta de resultados en €. Los activos iniciales y recursos totales ascienden a 150.000 €. Calcular rentabilidad de activo, coste medio ponderado de capital y rentabilidad neta para el año 1 considerando el efecto del I.S.

Cuenta de Resultados	Año 1
Qi)renta **- CAC**	+ 38.000 **- 12.000**
= BAIT Costes financieros	+ 26.000 - 5.453
= Bº Bruto (BAT) - Impuestos (T)	+ 20.547 - 3.650
Bº Neto - Dividendos	+ 16.897 - 5.000
= Reserva. generada	**+ 11.897**

3.5. Otro impuesto relevante: el Impuesto sobre el Valor Añadido (IVA)

El Impuesto sobre el Valor Añadido (IVA) es un impuesto indirecto sobre el consumo derivado de la compra de bienes o de servicios profesionales. Es un impuesto que repercute sobre el consumidor final. Al ser indirecto no es percibido por la Agencia Tributaria directamente, si no por el vendedor, que en el momento de la transacción comercial (transferencia de bienes o prestación de servicios) repercute el porcentaje vigente al comprador.

Como el sujeto pasivo del impuesto es el consumidor final, las empresas que hayan soportado un IVA que no le corresponde por no ser consumidor final, restarán ese IVA soportado al IVA repercutido para hacer el ingreso correspondiente en la Hacienda Pública.

Por tanto, el IVA es un impuesto neutro para la empresa, que simplemente hace las gestiones de recaudación e ingreso afectando a su tesorería a corto plazo, y no tiene efecto en otras variables que entran en el cálculo del VAN y TIR, como sí ocurría con el Impuesto de Sociedades. Sin embargo, el dinero que ha repercutido la empresa y tiene en su poder hasta que lo ingresa, se puede considerar una financiación a corto plazo espontánea (como lo son proveedores y otros organismos de la seguridad social), que no pertenece a la estructura permanente del balance. Si la financiación a corto plazo que se genera por el IVA es amplia y constante en el tiempo, sería conveniente tenerla en cuenta junto a otros recursos a corto plazo para una posible reducción de la financiación a largo plazo. Además, los flujos de tesorería que genera el IVA en las empresas sí se deberían de tener en cuenta en la gestión de tesorería a corto plazo.

3.6. Consideraciones finales

Este capítulo expone las variables que se van a usar en los métodos de valoración y selección de inversiones y recursos que se presentarán en el siguiente capítulo. Para ello, dichas variables se han definido según pertenezcan a los flujos de tesorería que generan los activos, o pertenezcan a flujos de tesorería que generan los recursos financieros. Además, se ha tenido en cuenta el efecto del impuesto de sociedades en las empresas, que genera una salida de tesorería, por consiguiente, una reducción de la rentabilidad de los sujetos pasivos del impuesto. La consideración de este impuesto es tan importante, que muchas multinacionales eligen el país en el que fijan su sede social en función de su tributación por el I.S.

Una vez definidas las variables, se pueden aplicar los criterios del valor actual neto (VAN) o valor capital (VC) y tasa interna de rentabilidad (TIR) que se expondrán en el capítulo 4. Ambos muy relevantes, pero no exclusivos ni excluyentes a la hora de tomar decisiones que comprometerán a la empresa a largo plazo.

CAPÍTULO 4

EVALUACIÓN Y SELECCIÓN DE PROYECTOS DE INVERSIÓN

4.1. Introducción

El estudio de todos los capítulos anteriores ha sido una preparación para presentar los criterios de evaluación y selección de inversiones: valor actual neto (VAN) o valor capital (VC) y tasa interna de rentabilidad (TIR). Ambos tienen como objetivo final obtener un único índice que ayude a tomar la decisión de aceptar o no un posible proyecto de inversión con su correspondiente financiación.

El VAN proporciona una ganancia o rentabilidad neta en unidades monetarias del momento inicial, por encima de la tasa de actualización (K) que se haya tomado. La tasa de actualización es la rentabilidad mínima exigida a la inversión. La tasa de actualización más baja a usar será el coste de la financiación. No tiene sentido una rentabilidad mínima a exigir a los activos por debajo del coste de los recursos. Para seleccionar o jerarquizar proyectos mediante este método interesa que la ganancia sea positiva y lo mayor posible. La fórmula VAN tiene la siguiente estructura general para n periodos de tiempo.

$$\text{VAN (K)} = -A + Q_{i)di} /(1+K) + Q_{i)di} /(1+K)^2 + \ldots + (Q_{i)di} + VR_{n)di}) /(1+K)^n$$

El TIR proporciona el valor de la tasa de actualización que iguala las entradas y salidas de tesorería originadas por una inversión o proyecto. El resultado obtenido (r) es una rentabilidad anual bruta relativa de la inversión o activo inicial, es decir, no es una rentabilidad neta que tenga en cuenta el coste de los recursos. La r se calcula igualando a cero la fórmula de VAN, y tiene la siguiente estructura general para n periodos de tiempo.

$$0 = -A + Q_{i)di}/(1+r) + Q_{i)di}/(1+r)^2 + \ldots + (Q_{i)di} + VR_{n)di})/(1+r)^n$$

Para seleccionar o jerarquizar proyectos mediante el TIR es necesario que la rentabilidad r obtenida supere a la rentabilidad mínima exigida o tasa de actualización K. Por tanto, se hace necesario comparar r y K para seleccionar o jerarquizar proyectos de inversión. Si K coincide con el coste medio de la financiación, la diferencia entre r (rentabilidad de la inversión) y K (coste de los recursos) es una rentabilidad o ganancia neta anual relativa, mientras más alta mejor. El TIR también puede ser usado para una financiación. En este caso, se obtiene un coste de los recursos en vez de una rentabilidad r.

VAN y TIR superan el inconveniente del cálculo de rentabilidades y costes mediante ratios cuyos resultados varían anualmente, además, coinciden a la hora de aceptar o rechazar un solo proyecto. A pesar de sus muchas bondades, ambos métodos adolecen de una serie de inconvenientes, por ejemplo, pueden no coincidir en la jerarquización de varios proyectos. Además, la elección de la mejor inversión entre varias se complica aún más cuando éstas tienen diferentes cuantías y/o duraciones. Con la finalidad de solventar este problema, se propondrán una serie de procedimientos mediante ejemplos sencillos con cifras muy básicas que potencian la claridad en las explicaciones frente a una posible complejidad en los cálculos numéricos. Además, las inversiones que se proponen podrían ser tanto en activos reales como financieros (acciones, bonos, criptomonedas etc.)

4.2. VAN y TIR coinciden en aceptar o rechazar un proyecto de inversión. El uso de la hoja de cálculo

Los resultados obtenidos del VAN y TIR coinciden a la hora de aceptar o rechazar un proyecto si usan la misma tasa de actualización K. Si se usa como tasa de actualización una rentabilidad mínima igual al coste de capital, el VAN proporciona un resultado que se interpreta como una ganancia neta, en unidades monetarias del momento inicial, del proyecto de inversión por encima del coste de los recursos.

El TIR proporciona una rentabilidad neta relativa anual y se obtiene de la diferencia entre la rentabilidad del activo menos el coste de capital. Ambos métodos dan como resultado un mismo concepto, pero medido de diferente manera, y coinciden a la hora de aceptar o rechazar un proyecto de inversión. Es decir, ambos darán a la vez una rentabilidad o ganancia positiva, cero o negativa.

En el ejemplo siguiente se introduce el cálculo del VAN y TIR usando la hoja de cálculo Excel, lo que facilita mucho la labor de obtener el resultado de ambos métodos. Además, se puede observar como el resultado del VAN y el de la rentabilidad neta se mueven en el mismo sentido.

Ejemplo 1

Sea un proyecto de inversión-financiación a 3 años con el esquema de balance inicial en miles de € siguiente:

Figura 8. Rentabilidad de activo y coste medio ponderado de capital del año 1.

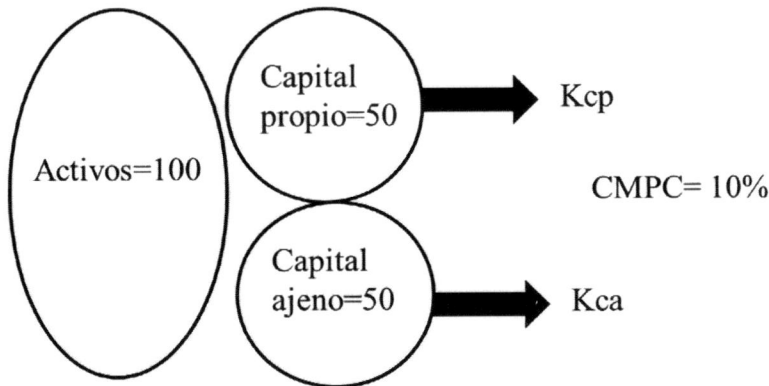

Considere también las variables de la inversión en miles de € siguientes: A= 100, $Q_{1)di}$ = 10, $Q_{2)di}$ = 10, $Q_{3)di}$ = 10 y $VR_{3)di}$ = 100. El capital ajeno y propio se devuelve al final del tercer año. Tomar como tasa de actualización el coste medio ponderado de capital, que se va a mantener durante los tres años del proyecto. Calcular VAN y TIR usando la hoja de cálculo.

Solución del ejemplo 1

Los lectores se habrán dado cuenta que en el ejemplo coinciden los pagos anuales de la financiación, CMPC·Recursos totales= 0,1·100= 10 miles de €, con los $Q_{i)di}$ anuales de 10 miles de €. A final del tercer año también coincide la devolución de recursos con el Valor residual después de impuestos. En este caso, los activos no han sido capaces de generar ganancia alguna por encima del coste de los recursos, por tanto, el VAN debe de ser 0 porque no hay ganancia neta alguna.

Dimensión financiera de la inversión

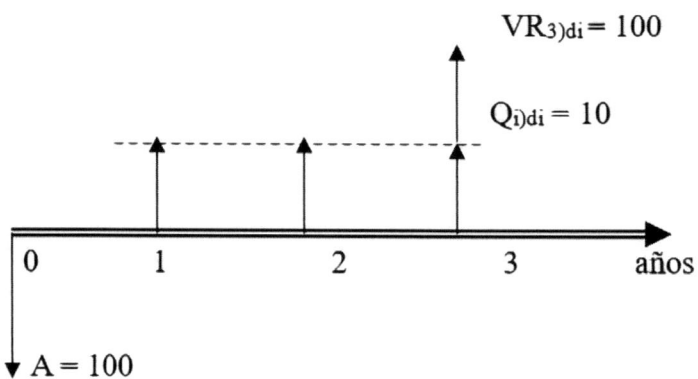

$$VAN (K=10\%)= -100 + 10/(1+0,1) + 10/(1+0,1)^2 + 110/(1+0,1)^3= 0 \text{ miles de €}$$

El resultado anterior también se podría haber calculado con la ayuda de la fórmula financiera VNA de la hoja de cálculo Excel. Introduciendo los datos de la inversión como se observa en la siguiente tabla, podemos insertar la fórmula VNA en la celda I3.

1	E	F	G	H	I
2	**0**	**1**	**2**	**3**	**VAN**
3	-100	10	10	110	0.00 €

Para calcular el VAN usamos la fórmula **VNA** que se encuentra en el menú Fórmulas de Excel, y dentro del menú buscamos en las fórmulas financieras. Introducimos los datos que nos pide la ventana que se abre.

Tasa, en este caso la utilizada del 10 %.

Valor 1, se introduce desde la celda F3 hasta la H3, pudiéndose señalar este rango directamente en la hoja sin necesidad de introducirlo manualmente. Pulsamos aceptar y nos da un resultado de 100.

Hay que tener en cuenta que en Valor 1 no se ha introducido el rango de celdas desde E3, porque la fórmula usada devuelve el valor neto presente (es decir en el momento 0) de una inversión a partir de una tasa de descuento y una serie de entradas y salidas de tesorería. Es decir, si escogemos E3, estará actualizando a un momento anterior a 0 (sería el momento -1). Por tanto, hay que elegir la celda F3 como la primera del rango, para que actualice al momento 0.

Como el resultado obtenido con la fórmula anterior no es el resultado definitivo al no haber tenido en cuenta la inversión inicial. Se suma a la fórmula VNA de la celda I3 la celda E3, por tanto, la celda I3 debe contener definitivamente la fórmula siguiente:

=VNA(0.1;F3:H3)+E3

Se puede usar el TIR para el cálculo de la rentabilidad relativa del activo con la fórmula siguiente:

$$0= -100 + 10 / (1+r) + 10 / (1+r)^2 + 110 / (1+r)^3$$

De la que podríamos obtener el resultado de r mediante la fórmula TIR de Excel que podemos insertar en la celda I3.

1	E	F	G	H	I
2	**0**	**1**	**2**	**3**	**TIR**
3	-100	10	10	110	10 %

La fórmula **TIR** se encuentra en el menú Fórmulas, y dentro de éste buscamos en las fórmulas financieras. Introducimos los datos que nos pide la ventana que se abre.

Valores, se introduce desde la celda E3 hasta la H3, y damos a aceptar. Aparece un resultado de 10 % como rentabilidad de la inversión, y la siguiente fórmula en la celda I3.

$$=TIR(E3:H3)$$

La nueva rentabilidad del activo del 10 %, hace que la rentabilidad neta anual sea del 0 %, coincidiendo VAN y TIR en que dicho proyecto es indiferente llevarlo a cabo.

$$R_{neta\ (\%)} = R_{A\ (\%)} - CMPC\ (\%) = 10\ \% -10\ \% = 0\ \%$$

Por tanto, para que el VAN y TIR fuesen positivos y se pudiese aceptar el proyecto, los $Q_{i)di}$ y/o el $VR_{3)di}$ deben superar los pagos anuales de la financiación. Tomemos la primera opción y supongamos que los $Q_{i)di}$ anuales son ahora 15 miles de € y el CMPC se mantiene en el 10 %. Al superar en 5 miles de € los pagos anuales de la financiación (10 miles de €), el VAN tiene que ser positivo.

Dimensión financiera de la nueva inversión

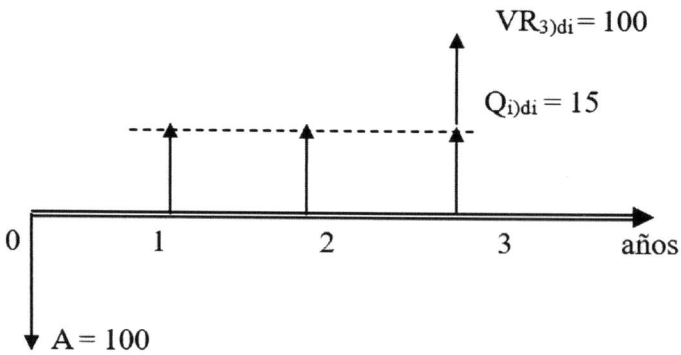

VAN (K=10 %)= -100 + 15 /(1+0,1) + 15 /(1+0,1)² + 115 /(1+0,1)³=12,43 miles de €

Estos incrementos de $Q_{i)di}$ hacen que la rentabilidad del activo se incremente y pase a ser positiva, como ha ocurrido con el resultado del VAN. También se puede usar el TIR para el cálculo de la nueva rentabilidad del activo debido al incremento de los $Q_{i)di}$.

$$0= -100 + 15 \ /(1+r) + 15 \ /(1+r)^2 + 115 \ /(1+r)^3$$

De la que podríamos obtener el resultado de r mediante la fórmula TIR de Excel que podemos insertar en la celda I3.

1	E	F	G	H	I
2	**0**	**1**	**2**	**3**	**TIR**
3	-100	15	15	115	15 %

La fórmula **TIR** se encuentra en el menú Fórmulas, y dentro de éste buscamos en las fórmulas financieras. Introducimos los datos que nos pide la ventana que se abre

Valores, se introduce desde la celda E3 hasta la H3, pudiéndose señalar este rango directamente en la hoja sin necesidad de introducirlo manualmente, y damos a aceptar. Aparece un resultado de 15 % como rentabilidad de la inversión del ejemplo dado y la siguiente fórmula en la celda I3.

$$=TIR(E3:H3)$$

La nueva rentabilidad del activo del 15 %, hace que la rentabilidad neta anual sea del 5 %.

$$R_{neta \ (\%)} = R_{A \ (\%)} - CMPC \ (\%) = 15 \ \% \ -10 \ \% = 5 \ \%$$

A medida que los $Q_{i)di}$ y/o $VR_{3)di}$ aumenten, también irá aumentando el VAN y la rentabilidad neta en % calculada con el TIR, y viceversa.

4.3. Un inconveniente del VAN y TIR: la hipótesis de reinversión de los Cash-flows

Uno de los inconvenientes del VAN y TIR es la hipótesis implícita de reinversión de los Cash-flows. Es decir, cuando evaluamos una inversión se está suponiendo que los $Q_{i)di}$ obtenidos a lo largo de los años se van a reinvertir a una tasa K, igual a la tasa de actualización, hasta el momento final. Es necesario puntualizar que el verdadero inconveniente no es que se reinviertan los $Q_{i)di}$, si no que estamos suponiendo que se reinvierten a la misma tasa de actualización K usada en un principio, y que puede variar en el tiempo.

Ejemplo 2

Sea un proyecto de inversión con las variables en miles de € siguientes: A= 100, $Q_{1)di}$= 10, $Q_{2)di}$= 10, $Q_{3)di}$= 10, $VR_{3)di}$= 100 y una duración de tres años. Tomar como tasa de actualización K el 5 %. Hacer VAN y TIR teniendo en cuenta unas tasas de reinversión de los Cash-flows del 5 % (tasa K) y otra del 4 %.

Solución del ejemplo 2

Tomando como criterio a seguir el VAN sobre la dimensión financiera de inversión siguiente:

Dimensión financiera de la inversión

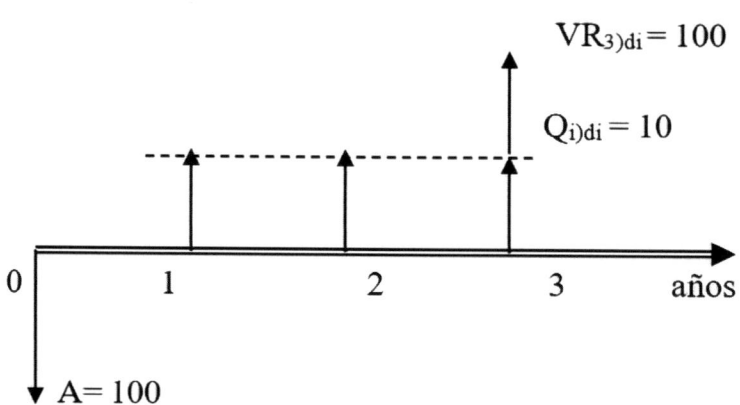

La hipótesis de reinversión de los $Q_{i)di}$ hace que la fórmula del VAN sea la que se expone a continuación:

$$VAN (K=5\%) = -100 (1+0,05)^3 / (1+0,05)^3$$
$$+ 10 (1+0,05)^2 / (1+0,05)^3 +$$
$$+ 10 (1+0,05) / (1+0,05)^3 + 110 / (1+0,05)^3$$

Se han reinvertido todos los Cash-flows hasta el momento 3, y se actualiza todo al momento 0 porque el VAN mide la rentabilidad neta en el momento inicial. Eliminando los términos que coinciden en los numeradores y denominadores, la fórmula anterior queda de la manera siguiente:

$$VAN\ (K=5\ \%) = -100 + 10 / (1+0{,}05) + 10$$
$$/ (1+0{,}05)^2 + 110 / (1+0{,}05)^3 =$$
$$= 13{,}62\ \text{miles de} \ €$$

Que es la fórmula VAN ya expuesta anteriormente y cuyo resultado se puede calcular con la ayuda de la fórmula financiera VNA de la hoja de cálculo Excel. Introduciendo los datos de la inversión como se observa en la siguiente tabla:

1	E	F	G	H	I
2	**0**	**1**	**2**	**3**	**VAN**
3	-100	10	10	110	13.62 €

Se inserta la fórmula VNA en la celda I3 con los datos de la inversión.

Tasa, en este caso la utilizada del 5 %.

Valor 1, se introduce desde la celda F3 hasta la H3. Como el resultado obtenido con la fórmula anterior no es el resultado definitivo al no haber tenido en cuenta la inversión inicial. Se suma a la fórmula VNA la celda E3, por tanto, la celda I3 debe contener definitivamente la fórmula siguiente:

$$=VNA(0{.}05;F3{:}H3)+E3$$

Mientras la reinversión se produzca a la misma tasa de actualización K tomada no hay inconveniente alguno. El problema surge cuando la tasa de reinversión no coincide con K, en nuestro ejemplo el 5 %.

Supongamos que los $Q_{i)di}$ obtenidos no se pudiesen reinvertir a una tasa del 5 % porque las rentabilidades de futuras inversiones se suponen menores, siendo la tasa de reinversión del 4 %. Esta circunstancia hace que en la fórmula VAN sea la siguiente:

$$VAN\ (K=5\ \%)= -100\ (1+0,04)^3\ /(1+0,05)^3 + 10\ (1+0,04)^2\ /(1+0,05)^3 +$$

$$+ 10\ (1+0,04)\ /(1+0,05)^3 + 110\ /(1+0,05)^3 = 2,27\ \text{miles de €}$$

En este caso el VAN de un resultado de 2,27 miles de €, que difiere del resultado de 13,62 miles de € obtenido si la tasa K del 5 % se hubiese mantenido también para las reinversiones.

En el caso del TIR, si de nuevo la tasa de reinversión coincide con la de actualización, la fórmula será la siguiente:

$$0= -100\ (1+r)^3\ /(1+r)^3 + 10\ (1+r)^2\ /(1+r)^3 + 10\ (1+r)\ /(1+r)^3 + 110\ /(1+r)^3$$

Simplificando obtenemos la fórmula TIR expuesta anteriormente.

$$0= -100 + 10\ /(1+r) + 10\ /(1+r)^2 + 110\ /(1+r)^3$$

De la que podríamos obtener el resultado de r mediante Excel. Si introducimos los datos como se ve a continuación, podemos insertar la fórmula TIR en la celda I3.

1	E	F	G	H	I
2	**0**	**1**	**2**	**3**	**TIR**
3	-100	10	10	110	10 %

La fórmula **TIR** se encuentra en el menú Fórmulas, y dentro de éste buscamos en las fórmulas financieras. Introducimos los datos que nos pide la ventana que se abre

Valores, se introduce desde la celda E3 hasta la H3 y damos a aceptar. Apareciendo un resultado de 10 % como rentabilidad de la inversión del ejemplo dado, y la siguiente fórmula en la celda I3.

$$=TIR(E3:H3)$$

Continuando con la argumentación del ejemplo, si la tasa de reinversión fuese de nuevo el 4 %, no coincidiendo con la de actualización, la fórmula cambia.

$$0= -100\ (1+0,04)^3\ /(1+r)^3 + 10\ (1+0,04)^2\ /$$
$$(1+r)^3 + 10\ (1+0,04)\ /(1+r)^3 +$$
$$+ 110\ /(1+r)^3$$

En este caso, al despejar la r, se obtiene un resultado del 5,77 %, diferente al 10 % anterior que se obtuvo cuando la tasa r se mantuvo también para las reinversiones.

Por tanto, la hipótesis implícita de reinversión de los $Q_{i)di}$ del VAN y TIR no afecta a sus fórmulas si no hay diferencia entre la tasa de reinversión y actualización. El verdadero inconveniente es la existencia de diferentes tasas. En este caso, habría que seguir las fórmulas del VAN y TIR pero corregidas con la diferente tasa de reinversión.

4.4. Otro inconveniente del VAN y TIR: La dificultad de comparar proyectos de diferentes inversiones iniciales y de igual duración

La jerarquización de varios proyectos de inversión, con la finalidad de elegir el mejor para llevar a cabo, es un tema muy relevante. Aunque VAN y TIR coinciden a la hora de aceptar o rechazar un proyecto, ambos métodos no siempre coinciden a la hora de jerarquizar los posibles proyectos de inversión disponibles. Este inconveniente se complica cuando además existen diferentes inversiones iniciales y/o duraciones. Una posible solución es el uso de otras herramientas complementarias como el plazo de recuperación de la inversión. Este método indica el tiempo que se tarda en recuperar la inversión inicial si todos los flujos de tesorería posteriores se dedican a ello.

Otra posible herramienta para tener en cuenta a la hora de jerarquizar varios proyectos es el índice Coste Beneficio. Este método se puede usar para proyectos con diferentes inversiones iniciales, pero igual duración. El índice se calcula como el cociente entre el VAN y la inversión inicial, dando como resultado el VAN por unidad monetaria invertida. También se puede interpretar como el porcentaje que supone el VAN respecto a la inversión a realizar.

$$ICB=VAN/\text{Inversión inicial}$$

Para aceptar un proyecto el ICB debe ser positivo y para jerarquizar varios proyectos, éstos se ordenarán de mayor a menor ICB. Una variante del índice anterior es el cociente entre la suma de los Cash-flows actualizados a una tasa K y la inversión inicial. En esta variante, para aceptar un proyecto el resultado debe ser mayor a la unidad y para jerarquizar los proyectos, éstos se ordenarán de nuevo de mayor a menor resultado. La variante del índice ICB aporta una medida de la eficiencia de la inversión a realizar.

ICB (variante)=suma de los Cash-flows
actualizados/Inversión inicial

Respecto al TIR, la jerarquización de proyectos de diferentes inversiones iniciales e igual duración no es un problema tan relevante. El TIR proporciona una rentabilidad del activo relativa, y está solventando por sí mismo el inconveniente de las diferentes cuantías en las inversiones iniciales. A no ser que las diferencias en las inversiones iniciales sean tan extremas que una mayor rentabilidad no compense una mayor inversión. No se puede olvidar que el TIR elige comparando r (rentabilidad de activo) y K (tasa de actualización). Por último, hay que puntualizar que la decisión final sobre la elección de un proyecto de inversión entre varios dependerá del conjunto de resultados que arrojen los diferentes métodos usados para evaluar dichos proyectos y de la opinión del analista.

Ejemplo 3

Supongamos que tenemos dos proyectos de igual duración, a y b, siendo el VAN_a= 100 millones de euros y el VAN_b= 90 millones de euros. Las inversiones iniciales son diferentes, siendo $A_{)a}$=1.000 millones y $A_{)b}$=800 millones. ¿Qué proyecto elegiría si ambos son mutuamente excluyentes? Es decir, solo se puede llevar uno a cabo.

Solución del ejemplo 3

En principio, si seguimos solo el criterio VAN, la opción a es preferible a la b porque se obtiene un mayor VAN o ganancia neta actualizada al momento inicial. Pero al ser proyectos con diferentes inversiones iniciales, es necesario tener en cuenta esta circunstancia usando el índice ICB.

ICBa=100/1000= 0,1

ICBb= 90/800= 0,1125

Teniendo en cuenta el ICB, la inversión b es preferible a la a, pues a pesar de tener un menor VAN o ganancia neta, su menor inversión inicial hace que esta ganancia neta sea un 11,25 % de la inversión inicial, frente a un 10 % de la opción a. Para la elección definitiva del proyecto es conveniente el uso de otros métodos como el TIR y el plazo de recuperación.

4.5. Otro inconveniente del VAN y TIR: La dificultad de comparar proyectos con las mismas inversiones iniciales y diferentes duraciones temporales

En este nuevo caso podemos encontrarnos con que los proyectos sean repetibles o no. En el primer caso, se pueden comparar las alternativas durante un periodo de tiempo igual al mínimo común múltiplo de sus duraciones. En dicho periodo se podrán repetir los proyectos. Posteriormente, se aplicarán los criterios ya estudiados para elegir el proyecto con mejores resultados.

Nota: Con el objetivo de simplificar cálculos y enfocarnos principalmente en la comprensión de los métodos de jerarquización de proyectos, en este ejemplo y siguientes se usan datos básicos sin excesiva complejidad con el € como unidad monetaria. Evidentemente las cuantías de las variables son ínfimas comparadas con la realidad de los proyectos de inversión, por tanto, el lector es libre de interpretar las unidades monetarias como crea conveniente: en miles, decenas de miles, etc. Además, se toma la premisa de que los proyectos serán mutuamente excluyentes e independientes. En el primer caso si se realiza uno de ellos ya no se pueden realizar los otros, en el segundo caso, las rentabilidades de cada inversión no dependen de los otros proyectos.

Ejemplo 4

Considerar los siguientes proyectos de inversión, A y B. El primero de ellos tiene las siguientes características: A= 100 €, $Q_{1)di}$ = 10 €, $Q_{2)di}$ = 15 € y $VR_{2)di}$ = 100 €, con dos años de duración del proyecto.

El segundo de ellos, de cuatro años de duración, viene dado por las siguientes variables: $A = 100$ €, $Q_{i)di} = 11$ € y $VR_{4)di} = 95$ €. Elegir la mejor opción, tomando como tasa de actualización un coste de capital del 5 % y considerando que el proyecto A **es repetible**.

Solución del ejemplo 4

Teniendo en cuenta la diferente duración de ambos proyectos, se necesita el mínimo común múltiplo para tomarlo como duración válida de los dos proyectos. En este ejemplo es de 4 años, por consiguiente, el proyecto A que es el más corto se repetirá una vez más hasta llegar al cuarto año. Es decir, a final del año 2 se volverá a invertir los 100 € de la inversión inicial de ese proyecto como si fuese un nuevo momento 0.

Dimensión financiera de la inversión del proyecto A repetido

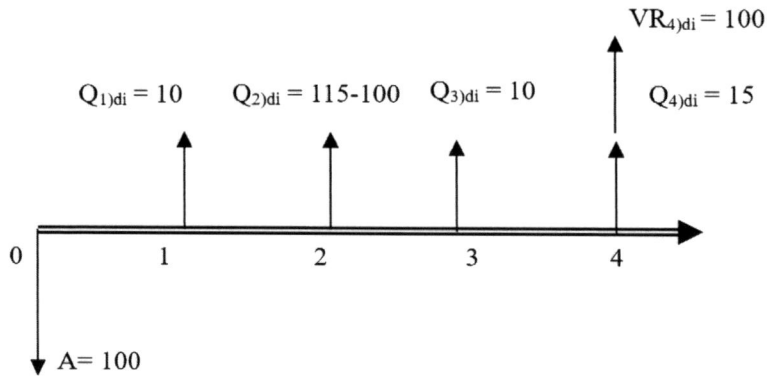

Dimensión financiera de la inversión del proyecto B

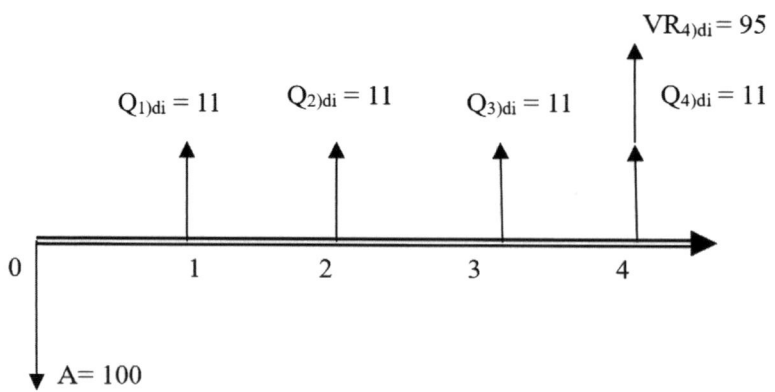

Teniendo en cuenta lo anterior, se obtiene la siguiente tabla que ya contiene el proyecto A repetido y los resultados de los métodos a usar según sus fórmulas en la hoja de cálculo.

	A	A repetido	B
0	-100	-100	-100
1	10	10	11
2	115	115-100	11
3		10	11
4		115	106
VAN	13.83 €	26.38 €	17.16 €
TIR (Rent. Activo)	12.35%	12.35%	9.92%
Rent. neta	7.35%	7.35%	4.92%

El proyecto A repitiéndose es preferible al proyecto B, ya que tiene un mayor VAN y rentabilidad neta (Rentabilidad de activo menos coste de capital) que el proyecto B.

Ejercicio propuesto sobre epígrafe 4.5.

Considerar los siguientes proyectos de inversión, A y B. El primero de ellos tiene las siguientes características: A= 100 €, $Q_{1)di}$ = 10 €, $Q_{2)di}$ = 12 €, $VR_{2)di}$ = 100 € y dos años de duración del proyecto.

El segundo de ellos, de tres años de duración, viene dado por las siguientes variables: A= 100 €, $Qi_{)di}$ = 11 €, y $VR_{3)di}$ = 95 €. Elegir la mejor opción tomando como tasa de actualización un coste de capital del 5 % y considerando que ambos proyectos **son repetibles**.

Ejemplo 5

Considerar los siguientes proyectos de inversión, A y B. El primero de ellos tiene las siguientes características: A= 100 €, $Q_{1)di}$ = 10 €, $Q_{2)di}$ = 15 €, $VR_{2)di}$ = 100 € y dos años de duración del proyecto.

El segundo de ellos, de cuatro años de duración, viene dado por las siguientes variables. A= 100 €, $Q_{i)di}$ = 11 € y $VR_{4)di}$ = 95 €. Elegir la mejor opción tomando como tasa de actualización un coste de capital del 5 % y considerando que el proyecto A **no es repetible**.

Solución del ejemplo 5

Cuando los proyectos no son repetibles y no se tiene en el momento inicial ninguna alternativa para llevar a cabo al final de dicho proyecto, una posible opción es considerar que a partir de ese momento final se aceptarán proyectos con al menos un VAN igual a cero. Es decir, que los flujos de caja después del último año del proyecto son nulos. Teniendo en cuenta esta premisa podemos comparar los proyectos A y B de dos maneras diferentes.

Dimensión financiera de la inversión del proyecto A

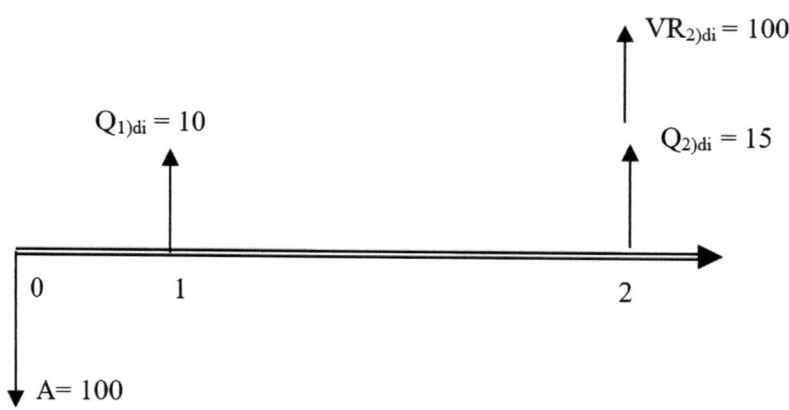

Dimensión financiera de la inversión del proyecto B

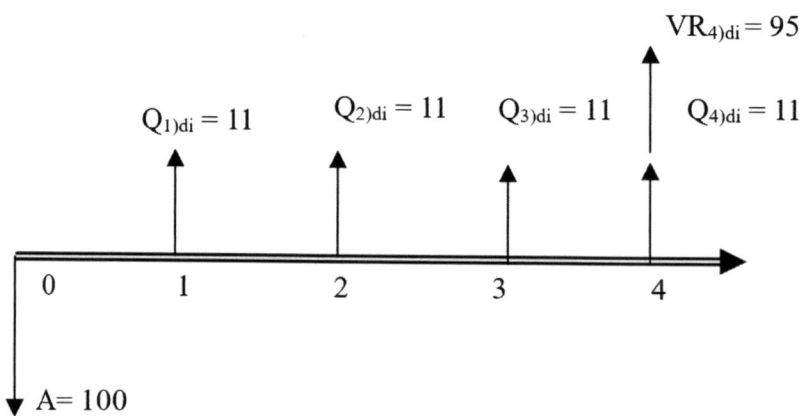

La **primera** es tener en cuenta la diferente duración de ambos proyectos tomando como duración para ambos el mínimo común múltiplo, en el presente ejemplo 4 años. En este caso en el que el proyecto más corto no es repetible, es necesario usar un valor anual equivalente del VAN de cada proyecto para poder jerarquizarlos. Es decir, en vez de usar una ganancia neta en el momento inicial, lo que se usa es un valor anual equivalente de esa ganancia durante los 4 años que se han considerado. Para esta labor se puede usar la fórmula financiera PAGO de la hoja de cálculo Excel, que en principio está pensada para calcular el pago constante de un préstamo a un interés fijo durante un número determinado de periodos. Pero también puede ser usada con la finalidad de obtener ese valor anual equivalente que se busca en nuestro caso.

En una hoja de cálculo se podría hacer la siguiente tabla para poder jerarquizar ambos proyectos. En principio el VAN del proyecto B es mayor que del A, sin embargo, la rentabilidad neta del proyecto B es menor que la del A, lo que no ayuda a una elección definitiva. Además, hay que solventar el inconveniente de las diferentes duraciones, tomando el mínimo común múltiplo de 4 años de ambos proyectos para obtener un valor anual equivalente del VAN de cada proyecto en ese periodo.

	A	A valor anual	A valor anual 4 años	B	B valor anual
0	-100			-100	
1	10	7.44	3.9	11	4.84
2	115	7.44	3.9	11	4.84
3			3.9	11	4.84
4			3.9	106	4.84
	VAN	PAGO	PAGO	VAN	PAGO
	13.83 €	7.44 €	3.90 €	17.16 €	4.84 €
	TIR Rent. Activo			TIR Rent. Activo	
	12.35%			9.92%	
	Rent. neta			Rent. neta	
	7.35%			4.92%	

Tomando como ejemplo el proyecto B, la fórmula PAGO nos pide los siguientes datos:

Tasa, lo que para un préstamo es el tipo de interés para un proyecto de inversión es la tasa de actualización, en nuestro caso el 5 %.

Nper, es el número de periodos, 4 años para nuestro proyecto B.

Va, es el valor actual de una serie de pagos futuros. En un préstamo la cantidad es positiva (es una entrada de tesorería) para que de unos pagos anuales negativos (salidas de tesorería). Al contrario, para un proyecto de inversión Va es una cantidad es negativa. Por tanto, en el proyecto B tenemos que usar el resultado del VAN pero con signo negativo, al ser lo contrario a la obtención de un préstamo. Es decir, -17,16 €.

En resumen, la fórmula PAGO para el proyecto B quedaría de la siguiente manera:

=PAGO(0.05;4;-17.16)

Dando un resultado de 4,84 €. Siguiendo la misma dinámica, la fórmula PAGO para el proyecto A durante dos años de duración es la siguiente:

=PAGO(0.05;2;-13.83)

La tasa se mantiene, la duración es 2 años, y el valor actual sería el VAN del proyecto A en negativo que es -13,83 €. Lo que da un resultado de 7,44 €. Sin embargo, lo que interesa es el valor anual de este proyecto en 4 años en vez de 2 años (lo que hace los proyectos comparables en duración), quedando la fórmula PAGO definitivamente de la siguiente forma:

=PAGO(0.05;4;-13.83)

Se obtiene un resultado de 3,90 € debido a que Nper pasa a ser de 4 años para hacer comparables ambos proyectos. Teniendo en cuenta los resultados en su conjunto, el proyecto B es preferible al A debido a que su valor anual equivalente del VAN es de 4,84 € (que es un 4,84 % anual sobre una inversión inicial de 100). Superior al valor anual equivalente del VAN del proyecto A en 4 años de

3,90 € (que es un 3,90 % anual sobre una inversión inicial de 100). Además, los resultados obtenidos del VAN respaldan la elección del proyecto B.

La segunda manera para jerarquizar proyectos no repetibles con las mismas inversiones iniciales y diferentes duraciones temporales sigue los siguientes pasos: En principio se ordenan los proyectos de menor a mayor inversión inicial. Si las inversiones iniciales son iguales los proyectos se ordenan de menor a mayor VAN, como en este caso que nos ocupa. En un segundo paso se comprueba si el flujo de tesorería diferencial de un proyecto respecto a otro añade valor. En nuestro ejemplo el proyecto B tiene mayor VAN que el A, por lo que se hará las diferencias de B menos A para ver si se genera valor.

Dimensión financiera de la inversión del proyecto B-A

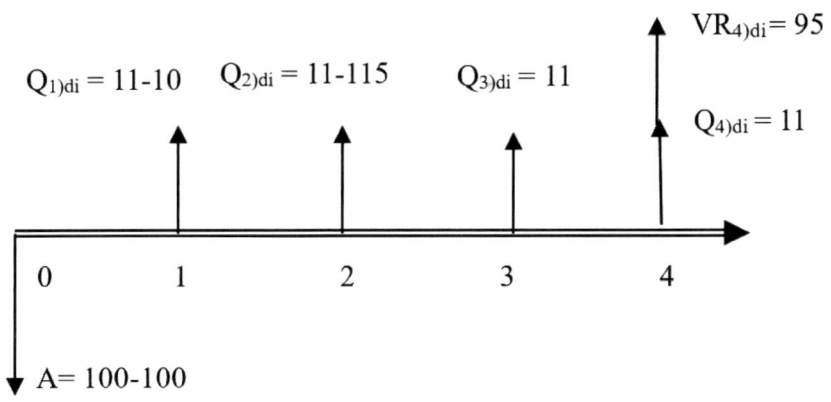

	A	B	B-A
0	-100	-100	0
1	10	11	1
2	115	11	-104
3		11	11
4		106	106

VAN	VAN	VAN
13.83 €	17.16 €	3.33 €
TIR Rent. Activo	**TIR Rent. Activo**	**TIR Rent.Activo**
12.35%	9.92%	6.96%
Rent. neta	**Rent. neta**	**Rent. neta**
7.35%	4.92%	1.96%

Una vez calculados los flujos incrementales de B-A en la última columna, se hace el TIR que da un resultado del 6,96 %. Es decir, el proyecto B añade un 6,96 % más de valor sobre A, siendo este resultado superior a nuestra tasa de actualización del 5 %. Por consiguiente, teniendo en cuenta los flujos incrementales el proyecto B es preferible al A. Esta elección ya estaba confirmada por el resultado del VAN del proyecto B superior al del proyecto A, pero no estaba confirmada por el resultado del TIR (ambos criterios no coinciden a la hora de jerarquizar u ordenar proyectos). Además, esta elección es la mostrada usando los valores anuales equivalentes vistos en la primera manera explicada.

En este ejemplo se aprecia la propiedad aditiva del VAN. Si se calcula el VAN de B-A, se obtiene 3,33 €, o lo que es lo mismo, 17,16 € del proyecto B menos 13,83 € del proyecto A.

2.º ejercicio propuesto sobre epígrafe 4.5.

Considerar los siguientes proyectos de inversión, A y B. El primero de ellos tiene las siguientes características: A= 100 €, $Q_{1)di}$ = 10 €, $Q_{2)di}$ = 12 €, $VR_{2)di}$ = 100 € y dos años de duración del proyecto.

El segundo de ellos, de tres años de duración, viene dado por las siguientes variables: A= 100 €, $Q_{i)di}$ = 11 € y $VR_{4)di}$ = 95 €. Elegir la mejor opción tomando como tasa de actualización un coste de capital del 5 %, y considerando que ambos proyectos no son repetibles.

4.6. Otro inconveniente del VAN y TIR: La dificultad de comparar proyectos con diferentes inversiones iniciales y diferentes duraciones temporales

Este caso será el más normal en la realidad a la hora de comparar proyectos con la finalidad de elegir el más adecuado u ordenarlos. De nuevo habrá que tener en cuenta si los proyectos son repetibles o no. Además, al jerarquizar proyectos con diferentes inversiones iniciales la fórmula TIR y el índice coste beneficio son más adecuadas que el VAN. Debido a que ambos criterios proporcionan un índice relativo frente al resultado en términos absolutos del VAN.

Ejemplo 6

Considerar los siguientes proyectos de inversión, A y B. El primero de ellos tiene las siguientes características: A= 100 €, $Q_{1)di}$ = 10 €, $Q_{2)di}$ = 10 €, $VR_{2)di}$ = 100 € y dos años de duración del proyecto.

El segundo de ellos, de cuatro años de duración, viene dado por las siguientes variables: A= 162 €, $Q_{i)di}$ = 30 € y $VR_{4)di}$ = 100 €. Elegir la mejor opción tomando como tasa de actualización un coste de capital del 5 %, y considerando que el proyecto A **es repetible**.

Solución del ejemplo 6

Al ser el proyecto A repetible, ambos proyectos se pueden jerarquizar teniendo en cuenta las siguientes premisas. Se usa el mínimo común múltiplo de ambos proyectos para igualar duraciones. Se ordenan los proyectos de menor a mayor inversión inicial, para calcular los flujos de tesorería incrementales del proyecto con mayor inversión respecto a los de menor inversión. De esta forma se puede ver si los resultados incrementales del proyecto con mayor inversión mejoran respecto al de menor inversión, justificándose la mayor inversión inicial. Este proceso y los resultados se observan en las siguientes dimensiones financieras y tabla.

Dimensión financiera de la inversión del proyecto A repetido

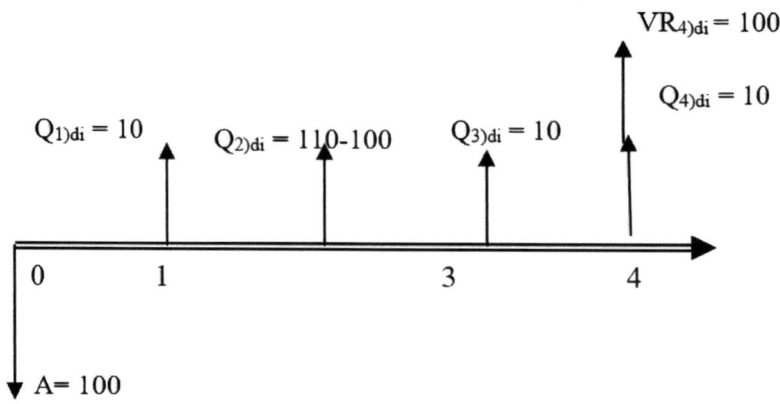

Dimensión financiera de la inversión del proyecto B

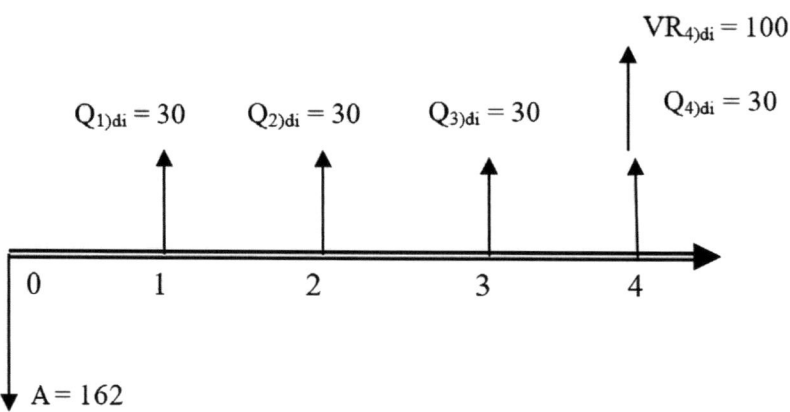

Dimensión financiera de la inversión del proyecto B-A repetido

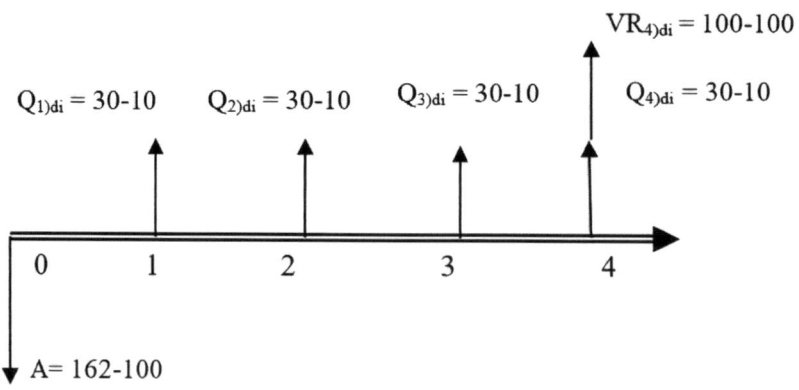

	A	A repetido	B	B- A repetido
0	-100	-100	-162	-62
1	10	10	30	20
2	110	110-100	30	20
3		10	30	20
4		110	130	20
	VAN	VAN	VAN	VAN
	9.30 €	17.73 €	26.65 €	8.92 €
	TIR Rent. Activo	TIR Rent. Activo	TIR Rent. Activo	TIR Rent. Activo
	10.00 %	10.00 %	10.31 %	11.04 %
	Rent. neta	Rent. neta	Rent. neta	Rent. neta
	5.00 %	5.00 %	5.31 %	6.04 %
	ICB	ICB	ICB	
	0.09	0.18	0.16	

En un principio el proyecto B tiene mayor ICB (índice que solventa el problema de las diferentes inversiones iniciales) y también mayor rentabilidad neta que el proyecto A. Sin embargo, al tener diferentes duraciones ambos proyectos y ser A repetible, estos resultados no son comparables. Para solucionar este inconveniente usamos el mínimo común múltiplo de 4 años para ambos proyectos, repitiendo el proyecto A de menor duración hasta el momento 4. Con este proceso el resultado del ICB del proyecto A repetido (0,18) supera al del proyecto B (0,16), pero no lo supera en rentabilidad neta.

Debido a estas diferencias de resultados en los métodos de evaluación, en la última columna se han añadido los flujos de tesorería incrementales del proyecto B respecto al A repetido. Debido a que B necesita más inversión, se va a comprobar si dicho proyecto añade valor respecto al A repetido, de tal forma que justifique esa mayor inversión inicial. Se observa que el VAN incremental es 8,92 €, lo cual se podría haber calculado mediante la diferencia del VAN de B menos el VAN de A repetido (propiedad aditiva del VAN).

Además, el resultado del TIR incremental de un 11,04 %, supera la tasa de actualización o rentabilidad mínima del 5 % dada en el enunciado. Por tanto, la realización del proyecto B aporta un 11,04 % más de valor sobre el proyecto A repetido, a pesar de que tiene mayor inversión inicial. Teniendo en cuenta todos los resultados en conjunto, es preferible el proyecto B sobre el proyecto A repetido, según indican la mayoría de los criterios de evaluación usados en el ejemplo.

Ejercicio propuesto sobre epígrafe 4.6.

Considerar los siguientes proyectos de inversión, A y B. El primero de ellos tiene las siguientes características: A= 100 €, $Q_{1)di}$ = 10 €, $Q_{2)di}$ = 12 €, $VR_{2)di}$ = 100 € y dos años de duración del proyecto.

El segundo de ellos, de tres años de duración, viene dado por las siguientes variables: A= 110 €, $Qi_{)di}$ = 11 € y $VR_{3)di}$ = 109 €. Elegir la mejor opción tomando como tasa de actualización un coste de capital del 5 %, y considerando que ambos proyectos **son repetibles**.

Ejemplo 7

Considerar los siguientes proyectos de inversión, A y B. El primero de ellos tiene las siguientes características: A= 100 €, $Q_{1)di}$ = 10 €, $Q_{2)di}$ = 15 €, $VR_{2)di}$ = 100 € y dos años de duración del proyecto.

El segundo de ellos, de cuatro años de duración, viene dado por las siguientes variables: A= 105 €, $Q_{i)di}$ = 11 € y $VR_{4)di}$ = 95 €. Elegir la mejor opción, tomando como tasa de actualización un coste de capital del 5 %, y considerando que el proyecto A **no es repetible**.

Solución del ejemplo 7

Cuando los proyectos no son repetibles y no se tiene en el momento inicial ninguna alternativa para llevar a cabo al final de ellos, una posible opción es considerar que a partir de ese momento final se aceptarán proyectos al menos con un VAN cero. Es decir, que los flujos de caja posteriores a la finalización de los proyectos son nulos. Teniendo en cuenta esta premisa, podemos comparar los proyectos A y B de dos maneras diferentes.

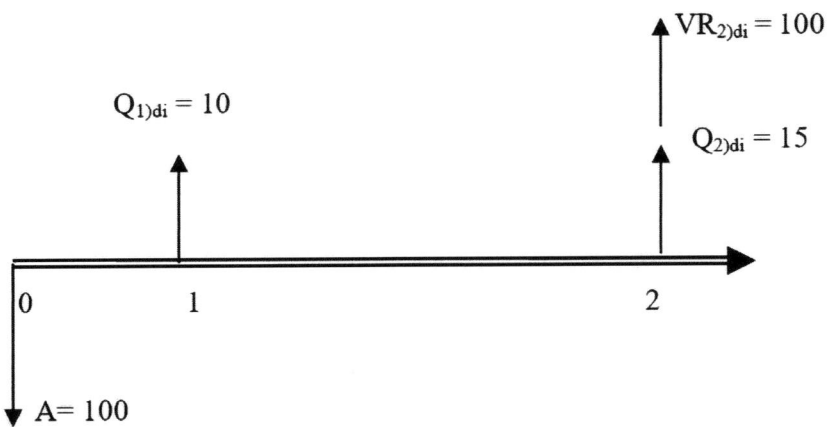

Dimensión financiera de la inversión del proyecto A

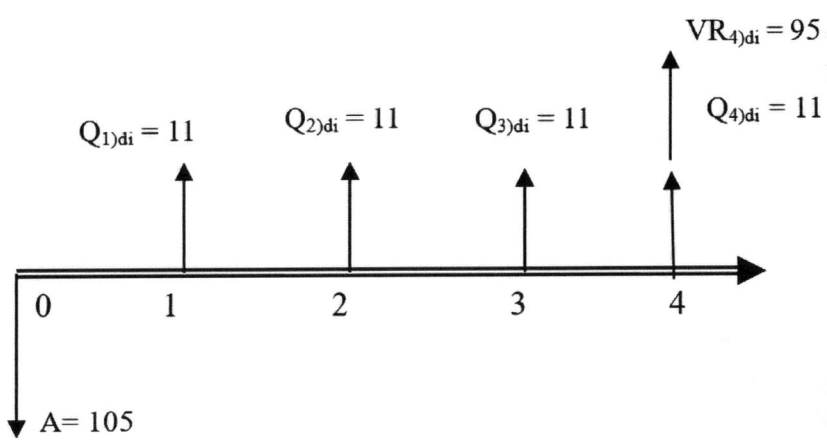

Dimensión financiera de la inversión del proyecto B

La **primera** tiene en cuenta el mínimo común múltiplo de las duraciones de ambos proyectos. En este caso que el proyecto más corto no es repetible, se vuelve a usar el valor anual equivalente del VAN de cada proyecto para poder jerarquizarlos. Es decir, en vez de usar una ganancia neta en el momento inicial, lo que se usa es un valor anual equivalente de esa ganancia durante los años que se hayan considerado. Para ello, se escoge de nuevo la fórmula financiera PAGO de la hoja de cálculo Excel. Fórmula que en principio está pensada para calcular el pago de un préstamo a un interés constante durante un número determinado de periodos. Aunque, también puede ser usada con la finalidad de obtener un valor anual equivalente de una ganancia. En la hoja de cálculo se hace la siguiente tabla para poder jerarquizar ambos proyectos:

	A	A valor anual	A valor anual 4 años	B	B valor anual
0	-100			-105	
1	10	7.44	3.9	11	3.43
2	115	7.44	3.9	11	3.43
3			3.9	11	3.43
4			3.9	106	3.43
	VAN	PAGO	PAGO	VAN	PAGO
	13.83 €	7.44 €	3.90 €	12.16 €	3.43 €
	TIR Rent. Activo	VAN		TIR Rent. Activo	VAN
	12.35 %	13.83 €		8.37 %	12.16 €
	Rent. neta			Rent. neta	
	7.35 %			3.37 %	
	ICB			ICB	
	0.14			0.12	

En principio, rentabilidad neta del TIR e ICB del proyecto A son superiores a las del B, (fórmulas financieras VNA y TIR ya usadas anteriormente). Sin embargo, no hemos tenido en cuenta las diferentes duraciones de ambos proyectos. Para solventar este inconveniente tomaremos una duración de 4 años, mínimo común múltiplo de ambos proyectos. Y para poder jerarquizarlos se obtiene un valor anual equivalente del VAN de cada proyecto durante 4 años. Tomando el proyecto B, la fórmula PAGO nos pide los siguientes datos:

Tasa, lo que para un préstamo es el tipo de interés para un proyecto es la tasa de actualización, en nuestro caso el 5 %.

Nper, es el número de periodos, para nuestro proyecto 4 años.

Va, es el valor actual de una serie de pagos futuros, para un préstamo la cantidad es positiva (tesorería a recibir por el préstamo), pero para un proyecto de inversión la cantidad es negativa (salida de tesorería de la inversión). En el proyecto B tenemos que usar el resultado del VAN pero con un signo negativo, al ser lo contrario a la obtención de un préstamo. Es decir, -12,16 €.

En resumen, la fórmula PAGO para el proyecto B quedaría así:

=PAGO(0.05;4;-12.16)

Dando un resultado de 3,43 €. Siguiendo la misma dinámica, la fórmula PAGO para el proyecto A durante a 4 años, es la siguiente:

=PAGO(0.05;4;-13.83)

Lo que muestra un resultado de 3,90 €. Usando este método el proyecto A también es preferible al B (coincidiendo con el TIR e ICB), debido a que el valor anual equivalente en 4 años del VAN es de 3,90 €. Superior al valor anual equivalente del VAN del proyecto B de 3,43 €.

La segunda manera para jerarquizar proyectos no repetibles con diferentes inversiones iniciales y duraciones requiere que se ordenen los proyectos de menor a mayor inversión inicial. La finalidad es comprobar si el flujo diferencial de tesorería del proyecto con mayor inversión inicial respecto al de menor inversión añade valor. Es decir, si compensa la mayor inversión inicial a realizar. En nuestro ejemplo el proyecto B tiene mayor inversión que el A, por lo que se hará la diferencia de B menos A.

Dimensión financiera de la inversión del proyecto B-A

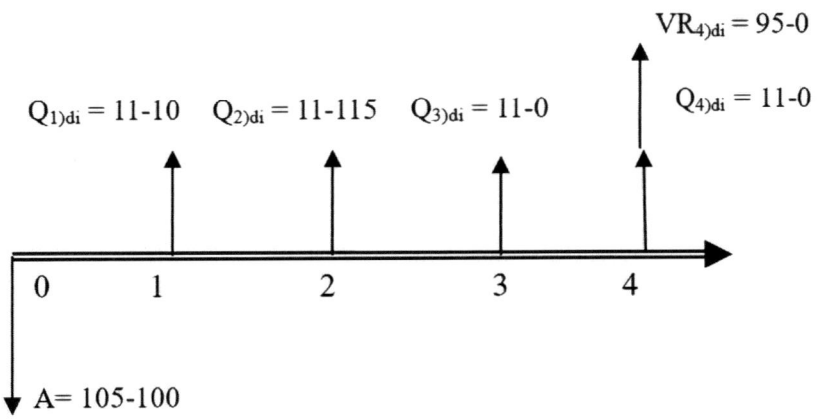

	A	B	B-A
0	-100	-105	-5
1	10	11	1
2	115	11	-104
3		11	11
4		106	106
	VAN	VAN	VAN
	13.83 €	12.16 €	-1.67 €
	TIR Rent. Activo	TIR Rent. Activo	TIR Rent.Activo
	12.35 %	8.37 %	4.10 %
	Rent. neta	Rent. neta	Rent. neta
	7.35 %	3.37 %	-0.90 %
	ICB	ICB	
	0.14	0.12	

Una vez calculados los flujos incrementales de B-A en la última columna se observa como el proyecto B añade solo un 4,10 % más de valor sobre el A, no alcanzando el 5 % requerido y necesitando mayor inversión inicial. Por tanto, teniendo en cuenta todos los criterios usados en conjunto se elige el proyecto A (los valores anuales equivalentes llegaban a la misma conclusión). Los resultados de su TIR e ICB son superiores a los del proyecto B, y los flujos incrementales no aportan el valor mínimo deseado del 5 %.

2.° ejercicio propuesto sobre epígrafe 4.6.

Considerar los siguientes proyectos de inversión, A y B. El primero de ellos tiene las siguientes características: A= 100 €, $Q_{1)di}$ = 10 €, $Q_{2)di}$ = 12 €, $VR_{2)di}$ = 100 € y dos años de duración del proyecto.

El segundo de ellos, de cuatro años de duración, viene dado por las siguientes variables: A= 105 €, $Q_{i)di}$ = 13€ y $VR_{4)di}$ = 95 €. Elegir la mejor opción tomando como tasa de actualización un coste de capital del 5 %, y considerando que ambos proyectos **no son repetibles**.

Nota: A modo de resumen se expone la siguiente tabla con los diferentes procesos a añadir al VAN y TIR para jerarquizar proyectos de inversión con diferentes cuantías y duraciones (incluyendo entre paréntesis los ejemplos donde se han desarrollado). Estos procedimientos expuestos no son exclusivos ni excluyentes, pudiéndose complementar con otros. Además, en la elección definitiva de una inversión también debe considerarse la experiencia y conocimientos de los proyectos por parte de los evaluadores.

Tabla 4. Metodología para usar para jerarquizar proyectos según sus inversiones y duraciones

PROYECTOS			INVERSIÓN INICIAL				
			Diferente	Igual		Diferente	
				repetibles	no repetibles	repetibles	no repetibles
DURACIÓN	Igual		ICB (ej. 3)				
	Diferente	repetibles		MCM (ej. 4)			
		no repetibles			VAE o FI (ej. 5)		
	Diferente	repetibles				MCM con FI (ej. 6)	
		no repetibles					VAE o FI (ej. 7)

ICB es el índice coste beneficio, MCM es el mínimo común múltiplo, VAE es el valor anual o valor anual equivalente, FI es flujos incrementales.

4.7. Jerarquización de tres o más proyectos con diferentes duraciones y diferentes inversiones iniciales

En los ejemplos anteriores se han usado siempre dos proyectos para jerarquizarlos. Es posible que en la realidad se tenga que evaluar tres o más proyectos con diferentes duraciones e inversiones iniciales. En este caso se ordenan los proyectos de menor a mayor inversión, y se comparan por pares los flujos de tesorería incrementales del proyecto con mayor inversión respecto a los de menor inversión. De esta forma se puede ver si los resultados incrementales del primero mejoran respecto a los del segundo, justificándose la mayor inversión inicial. Si algunos proyectos tuviesen las mismas inversiones iniciales, éstos se ordenarán de menor a mayor VAN.

Cuando se trata de jerarquizar muchos proyectos de diferentes características el número de resultados se incrementa, dificultando la decisión sobre la mejor inversión. En estos casos, más que nunca, es necesario considerar el sentido común del evaluador. Hay que recordar también que solo comparamos proyectos con un VAN y TIR positivo. Ambos criterios coinciden a la hora de aceptar o rechazar un solo proyecto.

Ejemplo 8

Sean los siguientes proyectos de inversión con diferentes duraciones e inversiones iniciales. El proyecto A tiene las siguientes variables: A= 100 €, $Qi_{)di}$ = 10 €, $VR_{2)di}$ = 100 € y dos años de duración del proyecto.

El proyecto B, de tres años de duración, tiene las siguientes variables: A= 105 €, $Qi_{)di}$ = 13 € y $VR_{3)di}$ = 95 €. El proyecto C, de cuatro años de duración, viene dado por las siguientes variables: A= 110 €, $Qi_{)di}$ = 12 € y $VR_{4)di}$ = 95 €. Jerarquizar los tres proyectos tomando como tasa de actualización un coste de capital del 5 %, considerando que **no son repetibles**.

Solución del ejemplo 8

Cuando los proyectos de menor duración no son repetibles y no se tiene en el momento inicial ninguna alternativa para llevar a cabo al final de dicho proyecto, se considera que a partir de ese momento se aceptarán proyectos con un VAN igual a cero. Es decir, que los flujos de caja una vez terminado el proyecto son nulos.

Dimensión financiera de la inversión del proyecto A

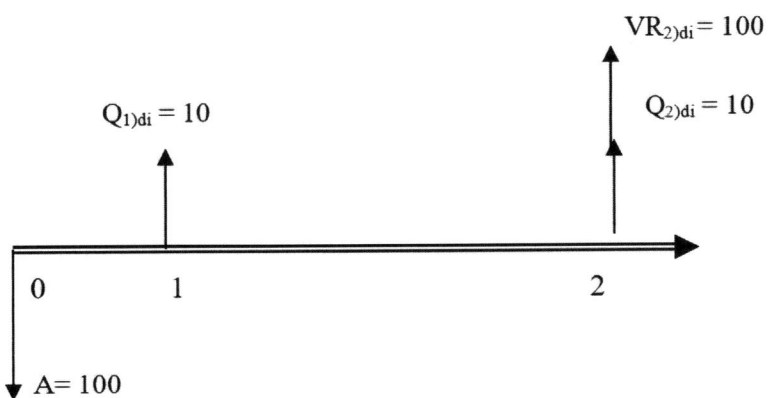

Dimensión financiera de la inversión del proyecto B

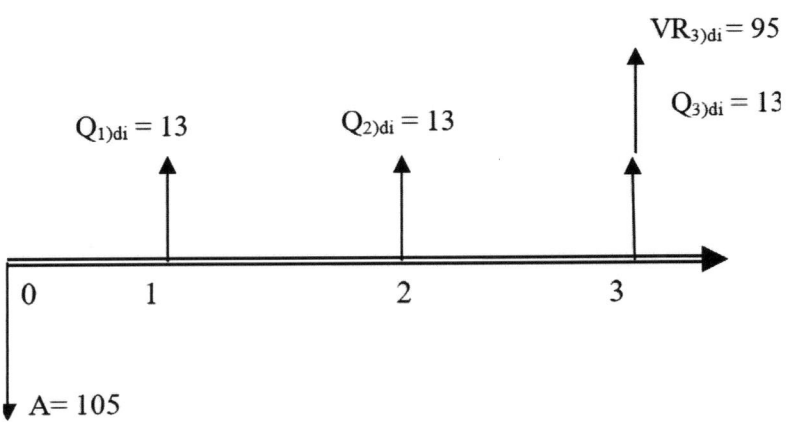

Dimensión financiera de la inversión del proyecto C

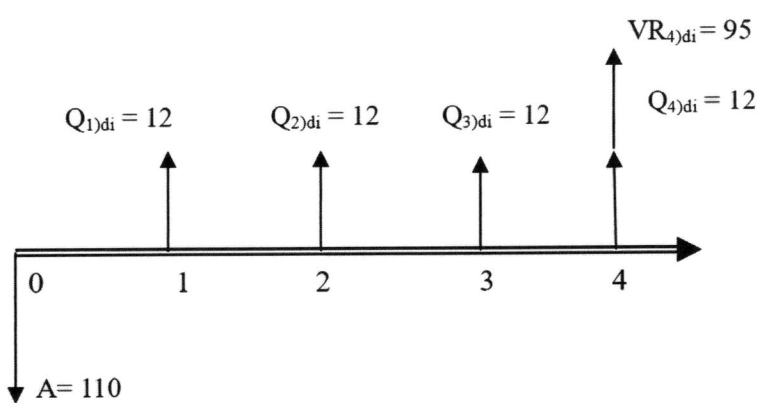

Las posibles inversiones se ordenan de menor a mayor. De esta forma se pueden comparar por pares los proyectos, y ver si los flujos incrementales de tesorería de los proyectos de mayor inversión inicial añaden valor respecto a los proyectos de menor inversión. Con esta finalidad, se hacen las dimensiones financieras y tablas correspondientes a cada comparación por pares.

Dimensión financiera de la inversión del proyecto B-A

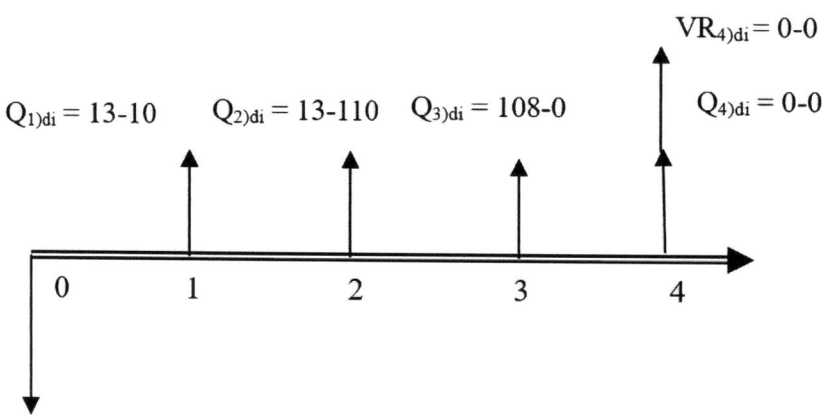

Dimensión financiera de la inversión del proyecto C-B

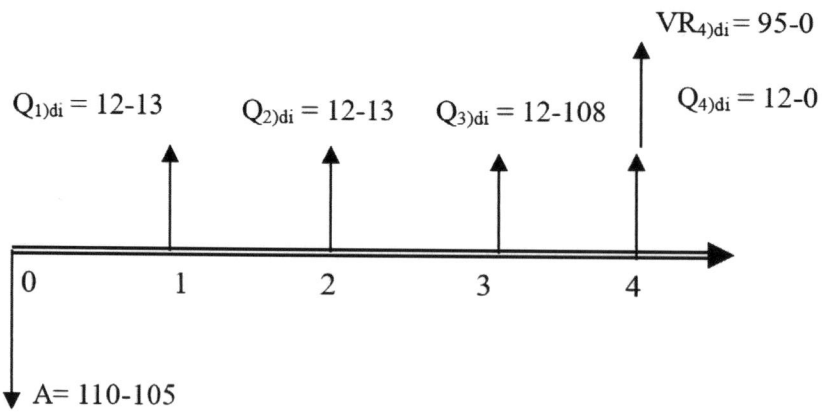

Dimensión financiera de la inversión del proyecto C-A

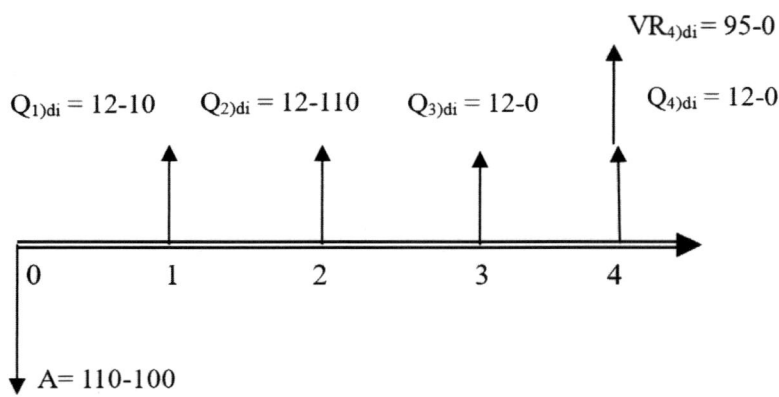

	A	B	C	B-A	C-B	C-A
0	-100	-105	-110	-5	-5	-10
1	10	13	12	3	-1	2
2	110	13	12	-97	-1	-98
3		108	12	108	-96	12
4			107	0	107	107
VAN	**VAN**	**VAN**	**VAN**	**VAN**	**VAN**
9.30 €	12.47 €	10.71 €	3.17 €	-1.76 €	1.41 €
TIR Rent. Act.	**TIR Rent. Act.**	**TIR Rent. Act.**	**TIR Rent. Act.**	**TIR Rent. Act.**	**TIR Rent. Act.**
10.00 %	9.49 %	7.88 %	8.41 %	3.28 %	5.73 %
Rent. neta	**Rent. neta**	**Rent. neta**	**Rent. neta**	**Rent. neta**	**Rent. neta**
5.00 %	4.49 %	2.88 %	3.41 %	-1.72 %	0.73 %
ICB	**ICB**	**ICB**	**ICB**	**ICB**	**ICB**
0.09	0.12	0.10	0.63	-0.35	0.14

Según el ICB, los mejores proyectos serán B, C y A por este orden. Según el TIR, el orden es A, B y C. Ambos métodos solventan el problema de las diferentes inversiones iniciales, pero presentan divergencias en sus resultados. Debido a esta diferencia se usarán los flujos incrementales de los proyectos con mayor inversión respecto a los de menor inversión para ayudar a tomar la decisión más adecuada.

El proyecto B respecto al A añade valor, más concretamente el TIR es del 8,41 %, superior al 5 % de tasa de actualización tomada. Por tanto, llevar a cabo el proyecto B sobre el A aporta un 8,41 % más de valor. El proyecto C respecto al A añade también valor, más concretamente el TIR es del 5,73 %, superior al 5 % de tasa de actualización tomada. Por tanto, llevar a cabo el proyecto C sobre el A, aporta un 5,73 % más de valor. El proyecto C sobre B es el que aporta menor valor, siendo el TIR de 3,28 % e inferior a la tasa de actualización.

Esto va a permitir ordenar los proyectos que más valor añadan sobre los siguientes. El proyecto B respecto al A es que añade más valor, seguido de C sobre A. La duda entre escoger B o C la solventa que C sobre B que no cumple la rentabilidad mínima de 5 %. Por consiguiente, teniendo en cuenta todo lo anterior, el orden de elección es B, C y A, que es el propuesto por los criterios ICB y los flujos incrementales.

En este ejemplo con varios proyectos de diferentes inversiones iniciales y diferentes duraciones temporales, también se podría haber utilizado el método del valor anual equivalente (VAE) para poder jerarquizarlos. Se obtendrá un valor anual equivalente del VAN de cada proyecto para el mínimo común múltiplo de 4 años usando la fórmula PAGO, que nos pide los siguientes datos:

Tasa, es la tasa de actualización del 5 %.

Nper, es el número de periodos, para nuestro proyecto 4 años.

Va, es el valor actual de una serie de pagos futuros, para un proyecto de inversión la cantidad es negativa (salida de tesorería de la inversión). La tabla para realizar en la hoja de cálculo es la siguiente:

	A	A valor anual	A VAE 4 años	B	B valor anual	B VAE 4 años	C	C valor anual
0	-100			-105			-110	
1	10	5	2.62	13	4.58	3.52	12	3.02
2	110	5	2.62	13	4.58	3.52	12	3.02
3			2.62	108	4.58	3.52	12	3.02
4			2.62			3.52	107	3.02

VAN	PAGO	PAGO	VAN	PAGO	PAGO	VAN	PAGO
9.30 €	5.00 €	2.62 €	12.47 €	4.58 €	3.52 €	10.71 €	3.02 €
Rent. Act.	VAN		Rent. Act.	VAN		Rent. Act.	VAN
10.00%	9.30 €		9.49%	12.47 €		7.88%	10.71 €
Rent. neta			Rent. neta			Rent. neta	
5.00%			4.49%			2.88%	
ICB			ICB			ICB	
0.09			0.12			0.10	

La fórmula PAGO para los proyectos A, B y C a 4 años quedarían de la siguiente manera:

$$=PAGO(0.05;4;-9.3)$$

$$=PAGO(0.05;4;-12.47)$$

$$=PAGO(0.05;4;-10.71)$$

Dando el proyecto A un resultado de 2,62 €, el proyecto B un resultado de 3,52 € y el proyecto C un resultado de 3,02 €. Siguiendo este método de los valores anuales equivalentes, los proyectos se jerarquizan de nuevo de la siguiente manera: B, C y A. Lo que coincide con el orden obtenido según los flujos incrementales expuestos con anterioridad.

Ejercicio propuesto sobre epígrafe 4.7.

Sean los siguientes proyectos de inversión con diferentes duraciones e inversiones iniciales. El proyecto A tiene las siguientes variables. A= 100 €, $Qi_{)di}$ = 10 € $VR_{2)di}$ = 100 € y dos años de duración del proyecto.

El proyecto B, de tres años de duración tiene las siguientes variables: A= 105 €, $Qi_{)di}$ = 13 € y $VR_{3)di}$ = 95 €. El proyecto C, de tres años de duración, viene dado por las siguientes variables: A= 110 €, $Qi_{)di}$ = 14 € y $VR_{3)di}$ = 100 €. Jerarquizar los tres proyectos tomando como tasa de actualización un coste de capital del 5 %, considerando que **son repetibles.**

Nota: Hasta aquí se han presentado varios métodos, entre los muchos existentes, compatibles para jerarquizar proyectos de inversión. El uso de estos métodos dependerá de las características de dichos proyectos.

En los proyectos repetibles se usa un periodo que es el mínimo común múltiplo de las duraciones de los proyectos a evaluar, pudiendo ocurrir que ese periodo sea muy largo. En este caso las estimaciones de los flujos de tesorería serán poco fiables, o puede que el proyecto no sea tantas veces repetible como exigiría el mínimo común múltiplo. Por ejemplo, ordenar dos proyectos que pueden ser repetibles y tienen 3 y 5 años de duración respectivamente, supone escoger un periodo de 15 años. Esto conlleva repetir 5 veces el primer proyecto y 3 veces el segundo, lo que puede ser imposible. Además de la dificultad de conocer o que se mantengan estables los flujos de tesorería previstos durante ese periodo tan largo.

Cuando los proyectos no son repetibles y no se tiene alternativa alguna para cuando finalicen, se toma la premisa de que al final de la duración de estos se aceptarán proyectos con al menos con un VAN igual a cero. Es decir, que los flujos de tesorería posteriores a la finalización de esos proyectos son nulos. Esta suposición presenta el inconveniente de que pocas empresas aceptarán una ganancia o rentabilidad nula.

Por consiguiente, cada proceso tiene sus bondades y defectos que habrán de ser tenidos en cuenta a la hora de elegir los métodos a usar en la jerarquización de varios proyectos de inversión. También es necesario indicar que se puede utilizar el criterio del Plazo de Recuperación como complemento a todos los métodos vistos hasta ahora.

Por último, es necesario puntualizar que el proceso de elegir la mejor inversión no debe basarse solo en los cálculos numéricos presentados. También se debe tener en cuenta el sentido común a la hora de plantear y resolver el problema. Para ello será necesario recabar datos certeros e interpretar los resultados obtenidos desde la perspectiva de la experiencia, con la finalidad de llegar a la solución óptima.

4.8. Uso del TIR para el cálculo de costes financieros en porcentaje: cálculo del coste efectivo de un préstamo de cuotas mensuales

La fórmula TIR aplicada a la financiación proporciona el coste efectivo de un solo recurso financiero, o el coste de la estructura de capital si se aplica al conjunto de los recursos de una empresa. Para ello, se igualan a cero todos los movimientos de tesorería actualizados al momento inicial que producen los recursos y se despeja k.

En los casos que el capital se devuelve y retribuye en cuotas mensuales como suele ocurrir en los préstamos, es posible agrupar dichas cuotas y considerar su totalidad como salida de tesorería a final de cada periodo anual. Pero esto es solo válido a efectos de cálculos de liquidez o tesorería anual, no para el cálculo del coste efectivo anual.

Ejemplo 9

Observar las posibles diferencias en el resultado de un coste efectivo anual si aplicamos el TIR a un préstamo de cuotas mensuales. Tomar el anterior ejemplo 1 del capítulo 2, que decía lo siguiente: calcular mediante la fórmula TIR el coste efectivo de un préstamo alemán de 10.000 €, a devolver en 2 años de forma mensual y a un tipo de interés del 5 % nominal anual. Es decir, un interés nominal mensual del 0,416666 %, obtenido de dividir el anual entre 12.

Solución del ejemplo 9

El cuadro de préstamo realizado para el ejemplo 1 nos sirve para éste. Si se suma las cuotas mensuales de cada año y se resume la información anual en un único valor al final del año, se obtiene lo siguiente:

Momento 0	10000
1	-5385.4105
2	-5135.4145
TIR	**3.481 %**

El resultado de la fórmula TIR proporciona un coste del 3,481 %, que no coincide con el tipo de interés nominal anual del 5 %. Esto es debido a que el TIR proporciona un coste sobre el capital pendiente de devolver a principio de cada periodo, y no estamos cumpliendo esa condición al haber sumado todas las cuotas mensuales y ser llevadas a final de año.

Por consiguiente, sumar las cuotas mensuales para hacer una anualidad es útil para el cálculo de las tesorerías anuales. Sin embargo, no se puede usar el TIR para calcular el coste efectivo anual de un préstamo cuando se han sumado las cuotas mensuales de cada año y se resume la información anual en un único valor al final del año.

4.9. Rentabilidad neta, viabilidad económica y otros conceptos de ganancia dependiendo de la tasa de actualización usada

El concepto de viabilidad o factibilidad económica se define como una rentabilidad neta del proyecto de inversión-financiación en unidades monetarias o relativa (porcentaje), y conlleva que la tasa de actualización escogida sea el coste de capital del conjunto de los recursos de la empresa. En el capítulo 2 ya se medía la rentabilidad neta anual en porcentaje, restándole a la rentabilidad bruta del activo el coste medio ponderado de capital. También podría ser medida en unidades monetarias con el concepto de reservas. En estos ratios se sigue la corriente de renta.

En este capítulo se supera este método anterior al escoger la corriente de tesorería, más definitiva que la de renta, y usar el VAN, cuyo resultado en una ganancia o rentabilidad neta en unidades monetarias del momento inicial para todo el horizonte temporal (si K igual al CMPC). También se usa el TIR, que compara la r o rentabilidad de activo con la tasa K igual al CMPC, la diferencia entre ambas es de nuevo una rentabilidad neta anual en porcentaje válida para todo el proyecto de inversión-financiación. Si los resultados de ambos criterios son positivos (ambos coinciden a la hora de aceptar o rechazar proyectos), el proyecto evaluado es factible económicamente.

Si se escoge otra tasa de actualización superior al CMPC ya no se puede hablar de viabilidad económica, pero sí de una ganancia por encima de la tasa de actualización escogida, tanto para el VAN como para el TIR. Siguiendo el significado económico del VAN cuando la tasa K no es el CMPC, el VAN proporciona una ganancia en unidades monetarias del momento inicial por encima de la tasa K escogida.

Este significado económico podría ser similar al del TIR cuando se usa una K superior al coste de capital. En este caso, la diferencia entre r y K no se puede entender estrictamente como rentabilidad neta y no podemos hablar de viabilidad económica. Pero esa diferencia sí es una ganancia en porcentaje anual por encima de la K escogida.

Ejemplo 10

Un proyecto de inversión-financiación tiene una rentabilidad relativa bruta del activo del 10 % anual, el coste medio anual de la financiación es del 5 %. Si se llevara a cabo este proyecto, habría que rechazar otro cuya rentabilidad anual es del 8 %. ¿Cuánto es su rentabilidad neta porcentual? ¿Es viable económicamente? ¿Se llevará a cabo?

Solución del ejemplo 10

La rentabilidad neta anual del proyecto en cuestión es un 5 %, resultado que proviene de la fórmula siguiente:

Rent. neta (%)= Rent. Activo (%)- CMPC (%)= 10 % – 5 %= 5 %

Por tanto, el proyecto es viable económicamente. Esto no quiere decir que se vaya a realizar. En este caso hay un coste de oportunidad o una tasa mínima de rentabilidad para tener en cuenta del 8 %.

La tasa de actualización K a elegir es la mayor entre las dos que proporciona el enunciado del ejemplo, el CMPC del 5 % y el coste de oportunidad del 8 %. El criterio decisional del TIR, dice que el proyecto se podrá llevar a cabo siempre que r > K, es decir, rentabilidad del activo > coste oportunidad.

En nuestro ejemplo, 10 % > 8 % y por consiguiente se podrá realizar el proyecto. La diferencia del 2 % no se puede entender estrictamente como una rentabilidad neta, la cual asciende al 5 %. Pero sí puede ser interpretada como una ganancia en porcentaje anual por encima de la tasa de actualización. Concepto similar al significado económico del VAN, pero el resultado de este criterio es en unidades monetarias.

4.10. Rentabilidad del accionista y otros inversores en activos financieros, teniendo en cuenta los impuestos

Aunque este epígrafe se enfoca a la inversión del accionista en una empresa o proyecto de inversión, lo aquí expuesto también puede extrapolarse a cualquier inversor en activos financieros. La inversión en acciones, que no debe ser confundida con la inversión de la empresa en activos, conlleva el cobro de un dividendo que debe tributar por el impuesto de sociedades (IS) o por el impuesto sobre la renta de las personas física (IRPF). Según sea el accionista una sociedad o una persona física respectivamente.

En el segundo caso, el cobro de dividendos pertenece a los rendimientos del capital mobiliario en el IRPF, y tributan con un tipo de gravamen entre el 19 % y el 27 % según la cantidad cobrada. Pero al igual que ocurre en el I.S., en vez de usar un **el tipo de gravamen (t) indicado, es preferible usar una tasa de impuesto promedio (t′). Esta tasa promedio no va a coincidir con el tipo impositivo que le corresponda al sujeto pasivo por el cobro de dividendos, debido a que va a tener en cuenta las deducciones estatales y autonómicas del IRPF. Más concretamente, las deducciones se deberían tener en cuenta de forma proporcional a la cuantía de los dividendos obtenida, o bien, tener en cuenta solo las deducciones relacionadas con la obtención de los dividendos. Por ejemplo, las deducciones por inversión en empresas de nueva o reciente creación de las que se han obtenido dividendos.**

Al igual que ocurría para el I.S., la tasa promedio del IRPF para cada accionista persona física se obtiene teniendo en cuenta la cuota líquida del impuesto, siguiendo el siguiente esquema simplificado de liquidación según la normativa tributaria.

Tabla 5. Esquema de liquidación del IRPF para rendimientos financieros

BASE IMPONIBLE (por dividendos)

(-) Reducciones (relacionadas con administración y custodia)

= BASE LIQUIDABLE DEL AHORRO (por dividendos)

(X) Tipo de gravamen (progresivo)

= CUOTA ÍNTEGRA (por dividendos)

(-) Deducciones (relacionadas con los dividendos o proporcionales)

= CUOTA LÍQUIDA (por dividendos)

Cuota líquida correspondiente al cobro por dividendos que ha tenido en cuenta el tipo de gravamen particular del sujeto pasivo y todas sus deducciones relacionadas. El concepto de tasa o tipo de impuesto promedio será igual a la cuota líquida dividida entre la base liquidable del ahorro.

Tipo promedio del IRPF (t´dividendos)=Cuota Líquida (por dividendos)/Base liquidable del Ahorro (por dividendos)

Los pagos en el IRPF de los accionistas personas físicas por el cobro de dividendos, van a suponer una menor rentabilidad de su inversión en acciones, como supone para las empresas por su tributación del I.S.

Ejemplo 11

Calcular la rentabilidad en porcentaje de un accionista persona física que tiene 100 miles de € invertidos en el capital social de una empresa. Por dividendos espera cobrar 5 miles de € anuales indefinidamente. Considere que tiene un tipo de gravamen del 19 % en la base liquidable del ahorro en el IRPF, y unas deducciones anuales relacionadas con dicho cobro que se estiman en 0,45 miles de €.

Solución del ejemplo 11

Al ser una persona física, la obtención de dividendos tributará por IRPF. Si no se tuvieran en cuenta las deducciones, el tipo impositivo del 19 % (t) es el que se tiene en cuenta para calcular la rentabilidad del accionista. Sin embargo, usar el tipo impositivo promedio ajustará más la rentabilidad del accionista a la realidad. Supongamos que la base imponible coincide con la liquidable al no haber reducciones. Por tanto, siguiendo el esquema anterior la cuota íntegra y líquida son las siguientes.

BASE IMPONIBLE (dividendos)= 5 miles de €

(-) Reducciones (relacionadas con administración y custodia) = 0

= BASE LIQUIDABLE DEL AHORRO (dividendos)= 5 miles de €

(X) Tipo de gravamen (progresivo)= 0,19

= CUOTA ÍNTEGRA (dividendos)= 0,95 miles de €

(-) Deducciones (relacionadas con los dividendos
o proporcionales) =0,45 miles de €

= CUOTA LÍQUIDA (dividendos)= 0,5 miles de €

La tasa o tipo promedio por el cobro de estos dividendos en la tributación por el IRPF del accionista es la siguiente:

Tipo promedio del IRPF (t´dividendos)=Cuota Líquida
(dividendos)/Base Liquidable del Ahorro (dividendos)

t´= 0,5/5= 0,1

Que es inferior al tipo impositivo o de gravamen que le correspondía por la cuantía a cobrar por dividendos (19 %). Para el cálculo de la rentabilidad en porcentaje de la inversión del accionista se usa la siguiente fórmula TIR, considerando un cobro indefinido de dividendos en el tiempo y el efecto impositivo con una tasa promedio t´ del 10 %.

**Dimensión financiera de la inversión del accionista
con efecto impositivo (n tiende a infinito)**

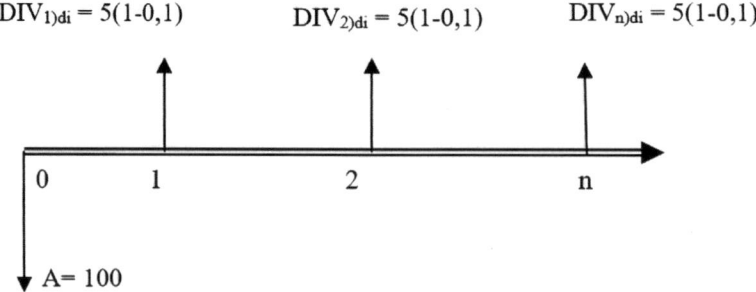

$DIV_{1)di} = 5(1-0,1)$ $DIV_{2)di} = 5(1-0,1)$ $DIV_{n)di} = 5(1-0,1)$

0   1   2   n

A= 100

$$0 = -100 + 5\,(1-0,1)/K$$

$$K = 0,045$$

Si no se hubiera tenido en cuenta el efecto impositivo, la rentabilidad relativa para el accionista hubiera sido mayor, pasando de un 4,5 % al 5 %. Por lo que el pago de impuestos supone una disminución de rentabilidad para la inversión del accionista.

Dimensión financiera de la inversión del accionista
sin efecto impositivo (n tiende a infinito)

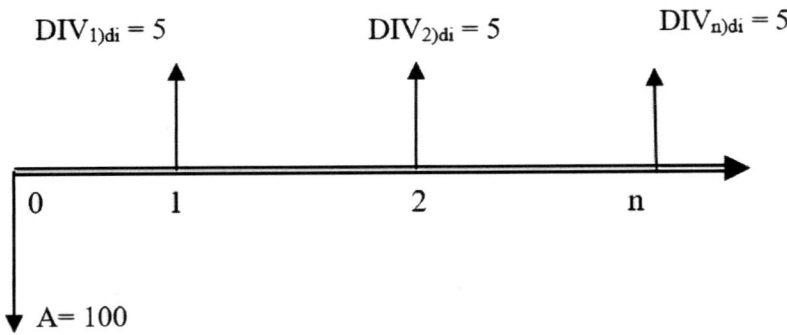

$$0 = -100 + 5\,/K$$

$$K = 0,05$$

4.11. La elección de inversiones en condiciones de riesgo

Todas las variables o parámetros que se han usado anteriormente para elegir la mejor inversión han sido calculados suponiendo condiciones de certeza. Sin embargo, lo normal es que la cuantía de la inversión inicial, Cash-flows, duraciones, valores residuales y/o tasa de actualización dependan de un conjunto de circunstancias que hagan difícil tomar un único valor para esas variables. En el caso que haya más de un valor posible para las variables a usar y conozcamos sus probabilidades, nos encontramos en una situación de riesgo que es necesaria valorar. Dicha situación es diferente a la de incertidumbre, en la que no se conoce una o más de las probabilidades de las posibles variables o parámetros a tomar.

En condiciones de riesgo las variables aleatorias a introducir en los métodos de valoración y selección de inversiones pueden ser continuas o discretas. En el primer caso las variables toman cualquier valor entre dos límites establecidos, y en el segundo caso las variables toman valores específicos. Éste último caso será el que sigamos, debido a que las variables continuas requieren de cálculos más complejos que exceden de los objetivos de este trabajo.

Una posible solución para elegir las mejores inversiones en condiciones de riesgo es construir una distribución de probabilidad para todas las variables discretas a usar, de tal forma que se conozca la probabilidad de cada uno de los posibles valores que toma cada variable. Para aplicar todos los procedimientos estudiados anteriormente es necesario tomar un valor entre todos los posibles para cada una de las variables a utilizar. Este valor elegido puede ser una medida de tendencia central como la media.

La media de las variables discretas que se usan en la evaluación de inversiones: inversión inicial, Cash-flows etc., se puede calcular mediante la fórmula de la esperanza matemática (μ). Cuyo resultado es un valor esperado de dicha variable, y su cálculo es el sumatorio de los posibles valores que toma la variable X multiplicados por sus probabilidades.

$$\mu = E(X) = \Sigma(X_i) \cdot Pr(X_i)$$

Si embargo, la elección de una media conlleva la necesidad de que ésta sea representativa, es decir, que la dispersión de los posibles valores alrededor del valor esperado no sea alta. Para medir la dispersión se usa la desviación estándar (s) que es la raíz cuadrada de la varianza (s^2).

$$s^2(X) = \Sigma[X_i - E(X)]^2 \cdot Pr(X_i)$$

$$s(X) = \sqrt{s^2(X)} = \sqrt{\Sigma[X_i - E(X)]^2 \cdot Pr(X_i)}$$

Una variable cuya distribución de probabilidad ofrece unos valores con fuerte tendencia central, estarán más agrupados o más cercanos a la esperanza o valor esperado, y tendrá una menor dispersión o desviación estándar. Por tanto, interesan aquellas variables con menor dispersión, ya que el valor medio escogido será más representativo.

Teniendo en cuenta lo anterior se usa el coeficiente de variación: la desviación estándar de la distribución dividida entre la media. Este coeficiente informa si los todos valores posibles están agrupados en torno a la media o no. Un valor aceptable de dicho coeficiente es 0,3 o inferior, lo que informa de unos datos homogéneos. El analista, sin dejar de lado su criterio, debe considerar válidas aquellas variables que cumplan o tengan un coeficiente de variación menor al porcentaje anterior.

$$CV= s/ \mu$$

En caso de que la media no sea representativa, se puede usar otra medida de tendencia central como el valor más frecuente (moda), útil cuando hay un valor que se repite mucho. O usar aquel valor que se encuentra en medio de todos los posibles valores (mediana), recomendada cuando se tienen valores extremos o una distribución sesgada. Una vez tomados un único valor por variable, se procede a introducirlos para el cálculo del VAN y TIR, que en este caso darán unas rentabilidades para esos valores de tendencia central introducidos.

Otra posible solución para elegir inversiones en condiciones de riesgo es calcular todos los resultados posibles del VAN y TIR para cada proyecto de inversión. Después se calcula el valor medio de la rentabilidad medida por los VAN y/o TIR obtenidos y la desviación típica en cada proyecto. Por último, se comparan ambas medidas para elegir aquel proyecto con mayor rentabilidad y menor riesgo (desviación típica) mediante el coeficiente de variación ya presentado anteriormente.

Ejemplo 12

Calcular el VAN y TIR de un proyecto de inversión en condiciones de riesgo cuya duración es de cuatro años, tiene una inversión inicial de 105 € y una tasa de actualización del 6 %. El analista del proyecto presenta las siguientes distribuciones de probabilidades de los posibles Cash-flows anuales (serán constantes durante los cuatro años) y valores residuales, ambos después de impuestos.

$Q_{i)di}$	Probabilidad
12	0.1
13.5	0.15
14	0.15
15	0.25
15.5	0.2
16	0.1
17	0.05

$VR_{4)di}$	Probabilidad
100	0.15
105	0.2
107	0.25
110	0.2
112	0.2

Solución del ejemplo 12

Debido a que existen dos variables en condiciones de riesgo que pueden tomar diferentes valores según las distribuciones de probabilidades anteriores, se necesita usar un valor medio de cada una de ellas para poderlo incluir en la fórmula del VAN. En primer lugar, se calculará el valor medio mediante la esperanza matemática. Para esta labor se usan las tablas siguientes:

$Q_{i)di}$	Probabilidad	$Q_{i)di}$ ·Probabilidad
12	0.1	1.2
13.5	0.15	2.025
14	0.15	2.1
15	0.25	3.75
15.5	0.2	3.1
16	0.1	1.6
17	0.05	0.85
$E(Q_{i)di})$		14.625

$VR_{4)di}$	Probabilidad	$VR_{4)di}$ ·Probabilidad
100	0.15	15
105	0.2	21
107	0.25	26.75
110	0.2	22
112	0.2	22.4
$E(Vr_{4)di})$		107.15

Y se obtiene la siguiente dimensión financiera, usando valores medios en las variables definidas en términos de probabilidad:

Dimensión financiera del proyecto usando valores medios

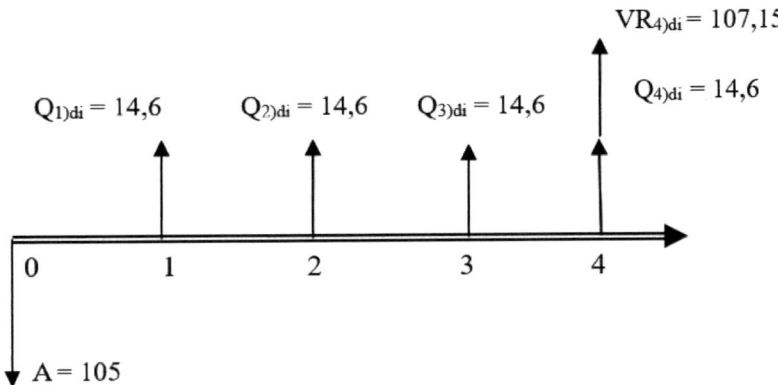

Para comprobar si dichos valores medios de los Cash-flows y valores residuales son representativos, se calcula la varianza (s^2 o Var), la desviación estándar (raíz cuadrada de la varianza) y el coeficiente de variación (desviación estándar dividido entre valor medio).

Probab·$[Q_{i)di}-E(Q_{i)di})]^2$
0.689
0.190
0.059
0.035
0.153
0.189
0.282
Var ($Q_{i)di}$) ⟶ 1.597

117

Probab·$[VR_{4)di}-E(VR_{4)di})]^2$
7.668
0.925
0.006
1.624
4.704

Var $(VR_{4)di})$ 14.928

Las desviaciones estándar (raíces cuadradas de las varianzas) de Cash-flows y valores residuales son, respectivamente: 1,264 y 3,864. Por tanto, los coeficientes de variación son: 0,086 y 0,036. Ambos inferiores a 0,3, por lo que se pueden considerar los datos homogéneos y los valores medios representativos para ser usados en el cálculo del VAN teniendo en cuenta los valores medios tomados.

$$\text{VAN (K=6 \%)} = -105 + 14{,}625/(1+0{,}06) + 14{,}625/(1+0{,}06)^2 +$$
$$14{,}625/(1+0{,}06)^3 + +(14{,}625+107{,}15)/(1+0{,}06)^4 = 30{,}55 \text{ €}$$

También se podría calcular el TIR usando la fórmula anterior:

$$0 = -105 + 14{,}625/(1+r) + 14{,}625/(1+r)^2 + 14{,}625/$$
$$(1+r)^3 + +(14{,}625+107{,}15)/(1+r)^4$$

Dando una rentabilidad de activo (r) del 14,34 % superior a la tasa de actualización. Siguiendo esta operativa, en caso de existir diferentes proyectos de inversión disponibles, éstos también se podrán jerarquizar en condiciones de riesgo.

Ejercicio propuesto sobre epígrafe 4.11.

En un contexto de riesgo para un solo proyecto de inversión, los analistas financieros han obtenido los siguientes posibles resultados del VAN con sus respectivas probabilidades. Decidir si se acepta el proyecto para ser comparado con otros o se rechaza.

VAN	Probabilidad
100000	0.15
105000	0.21
112500	0.24
118000	0.22
121500	0.18

4.12. Consideraciones finales

El presente capítulo es la culminación de los anteriores, en los que se habían ido preparando los conceptos necesarios para la aplicación de dos de los principales métodos de valoración y selección de inversiones: VAN y TIR. Ambos proporcionan un resultado o índice válido para aceptar o rechazar un proyecto de inversión desde el punto de vista de la rentabilidad. En el caso de tener varias alternativas de inversión, ambos métodos se complementan con una serie de procedimientos para ayudar a jerarquizar todas las opciones. Lo cual es necesario porque, aunque VAN y TIR coinciden en aceptar o rechazar un solo proyecto, no coinciden en jerarquizarlos. Sin embargo, a pesar de todas las herramientas a considerar expuestas en este capítulo 4, es necesario recordar que el sentido común y experiencia también debe aconsejar la decisión definitiva a tomar.

También se ha explicado la utilidad del TIR para calcular el cose efectivo de una estructura de capital o un solo recurso. Respecto a los préstamos, se han mostrado con ayuda del TIR los posibles problemas y soluciones de trabajar en periodos de tiempo anual cuando las cuotas de dichos préstamos son mensuales. Además, se ha concretado el concepto de viabilidad económica siguiendo los resultados que se obtienen de ambos métodos, y se ha expuesto una manera de calcular la rentabilidad de los accionistas usando el TIR. Rentabilidad que se mide de manera diferente a la de la empresa, como se ha ido destacando en diferentes capítulos, debido a que la inversión de los propietarios no es el activo empresarial si no el capital social. Por último, se ha introducido el concepto de riesgo en la evaluación de inversiones, teniendo en cuenta que es el contexto que nos encontraremos más probablemente en la realidad.

SOLUCIONES DE EJERCICIOS PROPUESTOS

Solución del ejercicio propuesto del epígrafe 1.6.

Para calcular la cuota mensual usamos la fórmula PAGO que se encuentra en el menú Fórmulas de Excel, y dentro de éste buscamos en las fórmulas financieras. Introducimos los datos que nos pide la ventana que se abre.

Tasa de 6 %/12 o 0.06/12.

Nper de 24, por ser 24 mensualidades las del préstamo.

Va de 15.000 que es el principal del préstamo.

La fórmula que queda en la celda desde dónde hemos operado es la siguiente:

=PAGO(0.06/12;24;15000)

Y el resultado que se obtiene es de -664.81 €, que sería la cuota por pagar mensualmente al banco por dicho préstamo.

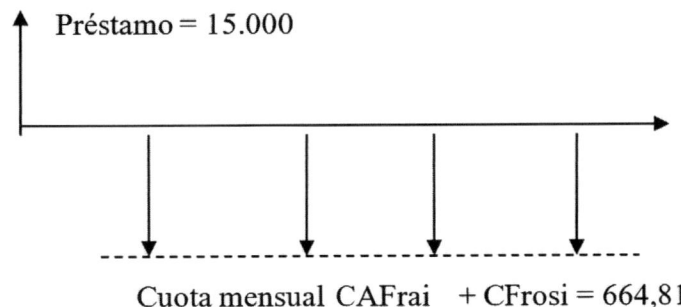

Cuota mensual CAFrai   + CFrosi = 664,81

Utilizando las fórmulas **PAGOINT** y **PAGOPRIN** podemos calcular las cuotas 1 y 24. En ambas fórmulas se introducen los mismos datos que para la fórmula PAGO, pero añadiendo el periodo al cual va referida la cuota, en este caso 1 y 24.

Tasa 6 %/12.

Periodo 1 o bien, 24, según la cuota buscada.

Nper 24.

Va 15.000.

Las fórmulas que quedan en las celdas desde donde hemos operado para la primera cuota mensual son las siguientes:

$$=PAGOINT(6\ \%/12;1;24;15000)$$

$$=PAGOPRIN(6\ \%/12;1;24;15000)$$

Los resultados obtenidos para la primera cuota son un pago de intereses de -75 € y un pago del principal o amortización financiera de -589,81 €, ambos suman la cuota total de -664,81 €.

Las fórmulas que quedan en las celdas desde donde hemos operado para la última cuota mensual son las siguientes:

$$=PAGOINT(6\ \%/12;24;24;15000)$$

$$=PAGOPRIN(6\ \%/12;24;24;15000)$$

Los resultados obtenidos para la cuota número 24, son un pago de intereses de -3,31 € y un pago del principal o amortización financiera de -661,50 €, y ambos vuelven a sumar la cuota total de -664,81 €.

Solución del ejercicio propuesto del epígrafe 1.7.

$$VDS= 10 - [(10 \cdot 90.000 + 7 \cdot 50.000) / (90.000+50.000)] = 10 - 8,93 = 1,07\ €$$

Los accionistas disponen de los DS valorado en 1,07 € cada uno, para que puedan vender o adquirir nuevas acciones. Los accionistas en su totalidad tienen 90.000 acciones antiguas que multiplicadas por 1,07 € dan un resultado de 96.300 € por la totalidad de los DS.

Los accionistas pueden vender los DS y convertirlos en dinero, o mantenerlos en forma de acciones si acuden a la nueva ampliación.

Para la empresa la ampliación supone pasar de tener un capital social de 630.000 €, que corresponde a 90.000 acciones antiguas de 7 € de valor nominal, a tener un capital social de 980.000 €, que corresponde a 140.000 acciones en total de 7 € de valor nominal cada una. Por tanto, hay un incremento de 350.000 € que modifica el capital propio en el balance de la empresa de la siguiente forma:

Capital propio en Balance post-ampliación con DS

980.000	980.000
Activos	**Capital Social**

Solución del ejercicio propuesto del epígrafe 2.5.

La política de cobrar a los clientes a 45 días hace que la empresa tenga el siguiente saldo medio de clientes:

Saldo clientes= (Venta anual/360) ·Periodo Medio de Cobro =

= (500.000/360) ·45= 62.500 €

Al cobrar al contado, el periodo medio de cobro pasa a ser 0 días y el nuevo saldo medio de clientes será el siguiente:

Saldo clientes= (500.000/360) ·0= 0 €

Se va a producir un coste financiero que se traduce en unas pérdidas en la Cuenta de Pérdidas y Ganancias, y por consiguiente una disminución de las reservas. La cuantía será el 3 % sobre los clientes que aceptan el descuento.

Coste financiero= % descuento pronto pago
·Clientes que aceptan el descuento

Coste financiero= 0,03·62.500 = 1.875 €

Este coste financiero no es anual, si no el resultado de ofrecer el descuento sobre un saldo de clientes de 62.500 €. Si se quiere obtener el coste anual, será necesario hacer el siguiente cálculo:

Coste financiero anual = 0,03·500.000 = 15.000 €

El descuento va a hacer que la empresa convierta en liquidez toda su cuenta de clientes, lo que supone en principio 62.500 €, pero a los que hay que restar los 1.875 € del coste financiero. Por tanto, se obtiene lo siguiente:

Tesorería final conseguida= Clientes que aceptan
el descuento - Costes financieros

Tesorería final conseguida= 62.500 – 1.875= 60.625 €

Este tipo de operación podría parecer «barata» en un primer momento, debido a que los tipos de interés de los descuentos por pronto pago parecen bajos respecto a otras financiaciones. Pero para poder hacer comparaciones es necesario calcular el coste anual de dicho descuento, porque se suele comparar con el coste anual de otros recursos, por ejemplo, los préstamos bancarios.

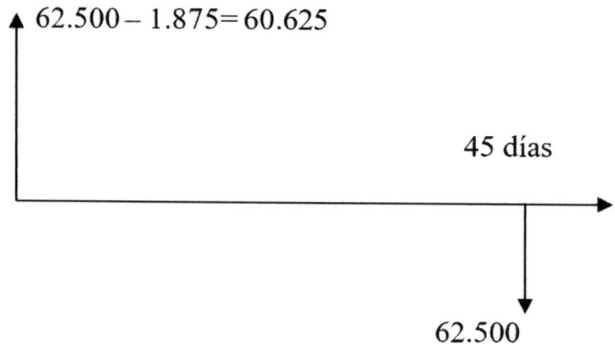

Obtener 60.625 € en un momento actual, en vez de 62.500 € dentro de 45 días, conlleva el coste siguiente:

$$0 = 60.625 - 62.500 / (1+Kd)$$

siendo Kd el coste del descuento que asciende a 0,03092 o el 3,092 %. No coincide con el coste inicial dado en el enunciado debido a que dicho coste del 3 % se encuentra en el momento inicial por ser precisamente un descuento, y no en el momento final de los 45 días.

Ese coste que se produce en 45 días se puede pasar a anual mediante la siguiente fórmula que usa el interés simple, proporcionando un interés anual del 24,73 % que ahora es comparable con otros recursos de intereses anuales.

$$(1+i_{anual}) = [1+ (360/n) \cdot i_n]$$

$$(1+i_{anual}) = [1+ (360/45) \cdot 0,03092]$$

$$i_{anual} = 0,2473.$$

Solución del ejercicio propuesto del epígrafe 3.4.

Si se considera el I.S. se debe tener en cuenta la tasa o tipo promedio (t') en las siguientes fórmulas. En este caso la cuantía a pagar por el I.S. (T) se ha calculado con la cuota líquida siguiendo las normas del impuesto, y no con la cuota íntegra del impuesto de sociedades.

Tipo impositivo promedio $(t') = T/BAT = 3.650/20.547 = 0,18$

Rentabilidad del $Activo_{)di} = BAIT (1-t') /Activo=$

$$=26.000 (1-0,18) /150.000=0,142$$

$$CMPC_{)di}= [CP \cdot k_{CP} + CA \cdot k_{CA} \cdot (1-t')]/ (CP + CA) =$$

$$= [dividendos + CFros_{)ai} (1-t')]/ (CP + CA)=$$

$$=[5.000+5.453 (1-0,18)]/150.000= 0,063$$

Rentabilidad neta $= R_{Activo} - CMPC =0,142-0,063=0,079$

Solución del ejercicio propuesto del epígrafe 4.5.

Ambos proyectos son repetibles y el mínimo común múltiplo de las duraciones es de 6 años. Por tanto, se puede hacer la siguiente tabla con la finalidad de elegir el mejor proyecto.

	A	A repetido	B	B repetido
0	-100	-100	-100	-100
1	10	10	11	11
2	112	12	11	11
3		10	106	6
4		12		11

5		10		11
6		112		106
	VAN	**VAN**	**VAN**	**VAN**
	11.11 €	30.33 €	12.02 €	22.40 €
	TIR Rent. Activo	**TIR Rent. Activo**	**TIR Rent. Activo**	**TIR Rent. Activo**
	10.95 %	10.95 %	9.48 %	9.48 %
	Rent. neta	**Rent. neta**	**Rent. neta**	**Rent. neta**
	5.95 %	5.95 %	4.48 %	4.48 %

En un primer momento, sin repetir los proyectos, se observa que VAN y TIR no coinciden a la hora de elegir cuál es el mejor de los dos proyectos. El VAN de A es menor que el de B, pero la rentabilidad neta de A es superior a la de B. Una vez repetidos ambos proyectos hasta el año 6, ambos criterios coinciden escoger el proyecto A repitiéndolo.

Solución 2.º ejercicio propuesto del epígrafe 4.5.

En este caso con proyectos no repetibles, se puede considerar que no se tiene en el momento inicial ninguna alternativa para llevar a cabo al final de los proyectos. Por tanto, a partir del momento final se aceptarán proyectos con al menos un VAN igual a cero. Teniendo en cuenta esta premisa podemos comparar los proyectos A y B de dos maneras diferentes.

Dimensión financiera de la inversión del proyecto A

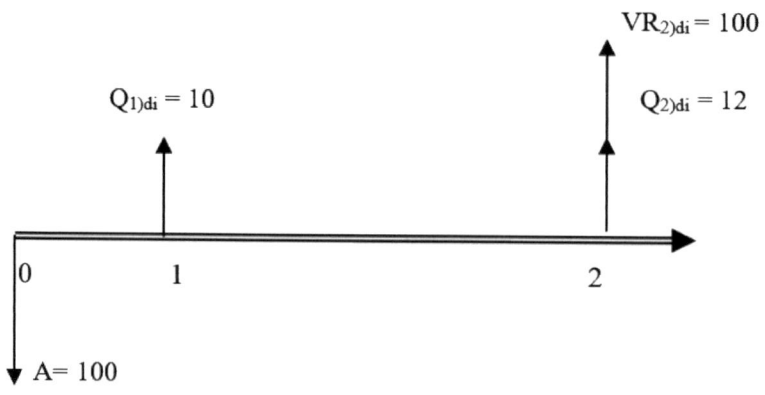

Dimensión financiera de la inversión del proyecto B

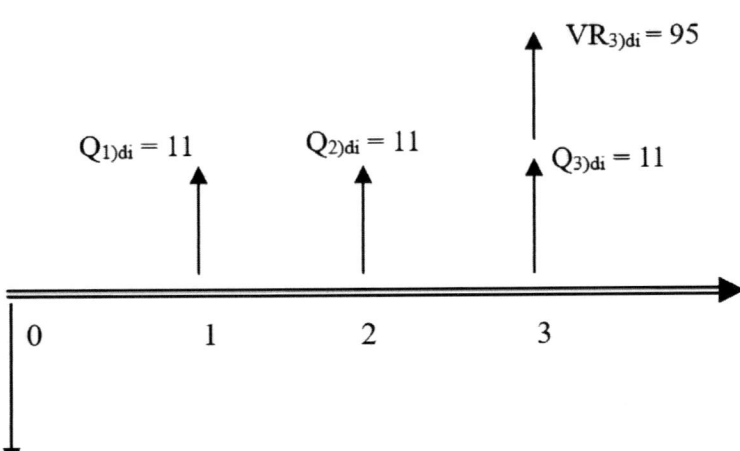

La **primera** es tener en cuenta la diferente duración de ambos proyectos, tomando como duración para ambos el mínimo común múltiplo de 6 años. En este caso en el que ambos proyectos no son repetibles, es necesario usar un valor anual equivalente del VAN de cada proyecto para poder jerarquizarlos. Es decir, en vez de usar una ganancia neta en el momento inicial, lo que se usa es un valor anual equivalente de esa ganancia durante todos los años que se hayan considerado, 6 en este ejemplo. Para esta labor se usa la fórmula financiera PAGO de la hoja de cálculo Excel. En una hoja de cálculo se podría hacer la siguiente tabla para poder jerarquizar ambos proyectos.

	A	A valor anual	A valor anual 6 años	B	B valor anual	B valor anual 6 años
0	-100			-100		
1	10	5.98	2.19	11	4.41	2.37
2	112	5.98	2.19	11	4.41	2.37
3			2.19	106	4.41	2.37
4			2.19			2.37
5			2.19			2.37
6			2.19			2.37

	VAN	PAGO	PAGO	VAN	PAGO	PAGO
	11.11 €	5.98 €	2.19 €	12.02 €	4.41 €	2.37 €
	TIR Rent. Activo			**TIR Rent. Activo**		
	10.95 %			9.48 %		
	Rent. neta			**Rent. neta**		
	5.95 %			4.48 %		

En principio, el VAN del proyecto B es mayor que del A, sin embargo, la rentabilidad neta del proyecto B es menor que la del A (obtenidos de las fórmulas financieras VNA y TIR ya usadas anteriormente), lo que no ayuda a una elección definitiva. Para solventar el inconveniente y poder jerarquizarlos se obtiene un valor anual equivalente del VAN de cada proyecto para 6 años, usando la fórmula financiera PAGO. Esta fórmula pide los siguientes datos:

Tasa, lo que para un préstamo es el tipo de interés, para un proyecto de inversión es la tasa de actualización, en nuestro caso el 5 %.

Nper, es el número de periodos, es decir, 6 años.

Va, es el valor actual de una serie de pagos futuros. Para un préstamo la cantidad es positiva (es una entrada de tesorería), para que de unos pagos anuales negativos (salidas de tesorería). Al contrario, para un proyecto de inversión Va es una cantidad es negativa.

La fórmula PAGO para el proyecto A repetido quedaría así:

=PAGO(0.05;6;-11.11)

Dando un resultado de 2,19 €. Siguiendo la misma dinámica, la fórmula PAGO para el proyecto B repetido es la siguiente:

=PAGO(0.05;6;-12.02)

Dando un resultado de 2,37 €. Por tanto, el proyecto B es preferible al A, debido a que su valor anual equivalente del VAN es de 2,37 € (que es un 2,37 % anual sobre una inversión inicial de 100), superior al valor anual equivalente del VAN del proyecto A de 2,19 € (que es un 2,19 % anual sobre una inversión inicial de 100).

La **segunda** manera para jerarquizar proyectos sigue los siguientes pasos: se ordenan los proyectos de menor a mayor inversión inicial. Si las inversiones iniciales son iguales, se ordenan de menor a mayor VAN, como en este caso que nos ocupa. En un segundo paso, se comprueba si el flujo diferencial de un proyecto respecto a otro añade valor. En nuestro ejemplo, el proyecto B tiene mayor VAN que el A, por lo que se hará las diferencias de B menos A para ver si se genera valor.

	A	B	B-A
0	-100	-100	0
1	10	11	1
2	112	11	-101
3		106	106
	VAN	**VAN**	**VAN**
	11.11 €	12.02 €	0.91 €
	TIR Rent. Activo	**TIR Rent. Activo**	**TIR Rent. Activo**
	10.95 %	9.48 %	6.06 %
	Rent. neta	**Rent. neta**	**Rent. neta**
	5.95 %	4.48 %	1.06 %

Dimensión financiera de la inversión del proyecto B-A

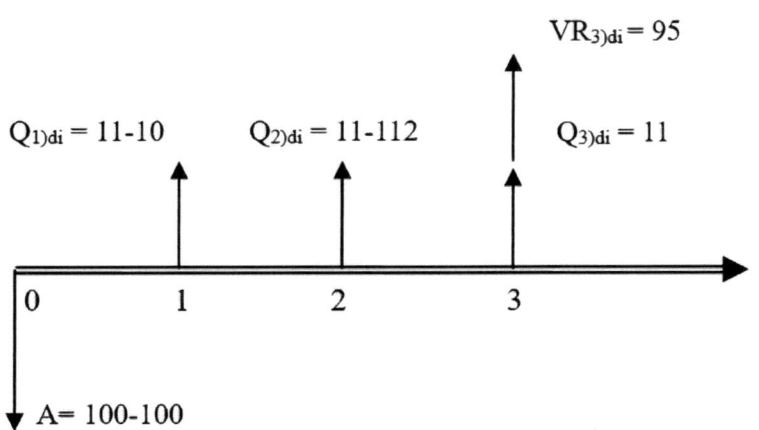

$VR_{3)di} = 95$

$Q_{1)di} = 11\text{-}10$ $Q_{2)di} = 11\text{-}112$ $Q_{3)di} = 11$

A= 100-100

Una vez calculados los flujos incrementales de B-A en la última columna, se hace el TIR que da un resultado del 6,06 %. Es decir, el proyecto B añade un 6,06 % más de valor sobre A, siendo este resultado superior a nuestra tasa de actualización del 5 %. Por consiguiente, teniendo en cuenta los flujos incrementales, el proyecto B es preferible al A. Esta elección ya estaba confirmada por el VAN de B superior al de A, pero no por el TIR (ambos criterios no coinciden a la hora de jerarquizar u ordenar proyectos). Además, esta elección es la mostrada anteriormente usando los valores anuales equivalentes, vistos en la primera manera ya explicada.

Solución ejercicio propuesto del epígrafe 4.6

Al ser ambos proyectos repetibles se pueden jerarquizar teniendo en cuenta las siguientes premisas: se usa el mínimo común múltiplo de ambos proyectos para igualar duraciones. En segundo lugar, se ordenan los proyectos de menor a mayor inversión inicial para calcular los flujos de tesorería incrementales del proyecto con mayor inversión respecto a los de menor inversión. De esta forma se puede ver si los resultados incrementales del proyecto con mayor inversión mejoran respecto al de menor inversión, justificándose esa mayor inversión inicial. Los resultados se observan en la siguiente tabla:

	A	A repetido	B	B repetido	B repetido - A repetido
0	-100	-100	-110	-110	-10
1	10	10	11	11	1
2	112	12	11	11	-1
3		10	120	10	0
4		12		11	-1
5		10		11	1
6		112		120	8

VAN	VAN	VAN	VAN	VAN
11.11 €	30.33 €	14.11 €	26.31 €	-4.02 €
TIR Rent. Activo	TIR Rent. Activo	TIR Rent. Activo	TIR Rent. Activo	TIR Rent. Activo
10.95 %	10.95 %	9.72 %	9.72 %	-3.64 %
Rent. neta	Rent. neta	Rent. neta	Rent. neta	Rent. neta
5.95 %	5.95 %	4.72 %	4.72 %	-8.64 %
ICB	ICB	ICB	ICB	ICB
0.111	0.303	0.128	0.239	-0.402

En principio el proyecto B tiene mayor ICB (índice que solventa el problema de las diferentes inversiones iniciales), pero una menor rentabilidad neta que el proyecto A. Además, ambos proyectos tienen diferentes duraciones e inversiones iniciales, lo que añade más dificultad para elegir el mejor de ellos. Para solucionar este inconveniente usamos el mínimo común múltiplo de ambos proyectos, 6 años, y se calculan los flujos de tesorería incrementales del proyecto B repetido respecto al A repetido. La finalidad es comprobar si se justifica la mayor inversión inicial que requiere B.

Se observa que el TIR incremental es el -3,64 %, que no supera la tasa de actualización o rentabilidad mínima del 5 % exigida. Esto indica que, si se realiza el proyecto B, además de tener más inversión inicial, se resta un 3,64 % de valor sobre el proyecto A si ambos se van repitiendo. Teniendo en cuenta todo lo anterior, es preferible el proyecto A.

Solución 2.º ejercicio propuesto del epígrafe 4.6.

Se toma la premisa de que no se tiene en el momento inicial ninguna alternativa para llevar a cabo al final de los proyectos, considerando que a partir de ese momento se aceptarán proyectos, al menos, con un VAN igual a cero. Teniendo en cuenta esta premisa podemos comparar los proyectos A y B de dos maneras diferentes.

Dimensión financiera de la inversión del proyecto A

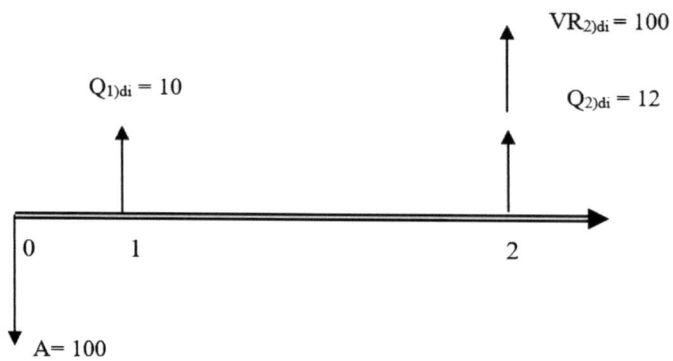

Dimensión financiera de la inversión del proyecto B

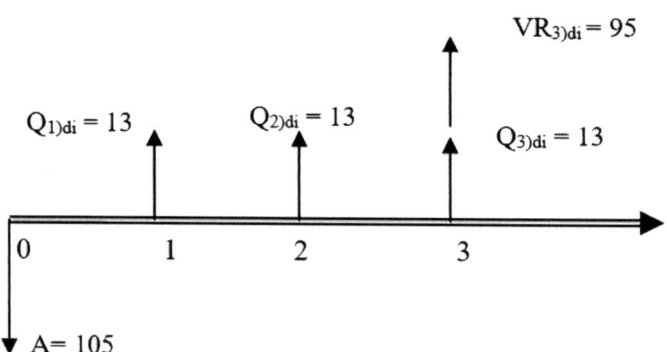

La **primera** teniendo en cuenta el mínimo común múltiplo de las duraciones de ambos proyectos, 6 años, y usando el valor anual equivalente del VAN de cada proyecto para poder jerarquizarlos. Es decir, en vez de usar una ganancia neta en el momento inicial se calcula un valor anual equivalente de esa ganancia durante los años que se hayan considerado. Para ello se escoge la fórmula financiera PAGO de la hoja de cálculo Excel y se hace la siguiente tabla:

	A	A valor anual	A valor anual 6 años	B	B valor anual	B valor anual 6 años
0	-100			-105		
1	10	5.98	2.19	13	4.58	2.46

2	112	5.98	2.19	13	4.58	2.46
3			2.19	108	4.58	2.46
4			2.19			2.46
5			2.19			2.46
6			2.19			2.46
	VAN	**PAGO**	**PAGO**	**VAN**	**PAGO**	**PAGO**
	11.11 €	5.98 €	2.19 €	12.47 €	4.58 €	2.46 €
	TIR Rent. Activo			**TIR Rent. Activo**		
	10.95 %			9.49 %		
	Rent. neta			**Rent. neta**		
	5.95 %			4.49 %		
	ICB			**ICB**		
	0.11			0.12		

En principio el ICB del proyecto B es mayor que del A, sin embargo, la rentabilidad neta de B es inferior a la del proyecto A. Además, las duraciones e inversiones iniciales de ambos proyectos son diferentes. Para solventar este inconveniente, tomaremos una duración de 6 años, mínimo común múltiplo de ambos proyectos. Para poder jerarquizarlos se obtiene un valor anual equivalente del VAN de cada proyecto para esos 6 años.

Para ello, la fórmula PAGO nos pide los siguientes datos:

Tasa, lo que para un préstamo es el tipo de interés, para un proyecto es la tasa de actualización, en nuestro caso el 5 %.

Nper, es el número de periodos de nuestro proyecto, es decir, 6 años.

Va, es el valor actual de una serie de pagos futuros, para un préstamo la cantidad es positiva (tesorería a recibir por el préstamo), pero para un proyecto de inversión la cantidad es negativa (salida de tesorería de la inversión). En nuestro caso, hay que usar el VAN con signo negativo.

En resumen, la fórmula PAGO para el proyecto A usando el periodo de 6 años quedaría así:

$$=PAGO(0.05;6;-11.11)$$

Dando un resultado de 2,19 €. Siguiendo la misma dinámica, la fórmula PAGO para el proyecto B durante 6 años de duración es la siguiente:

$$=PAGO(0.05;6;-12.47)$$

Dando un resultado de 2,46 €. Por tanto, el proyecto B es preferible al A según este método.

La segunda manera para jerarquizar proyectos con las características de este ejemplo consiste en ordenar los proyectos de menor a mayor inversión inicial, con la finalidad de ver si el flujo diferencial de tesorería del proyecto con mayor inversión inicial respecto al de menor inversión añade valor. Es decir, si merece la pena la mayor inversión inicial a realizar. En nuestro ejemplo, el proyecto B tiene mayor inversión que el A, por lo que se hará las diferencias de B menos A.

Dimensión financiera de la inversión del proyecto B-A

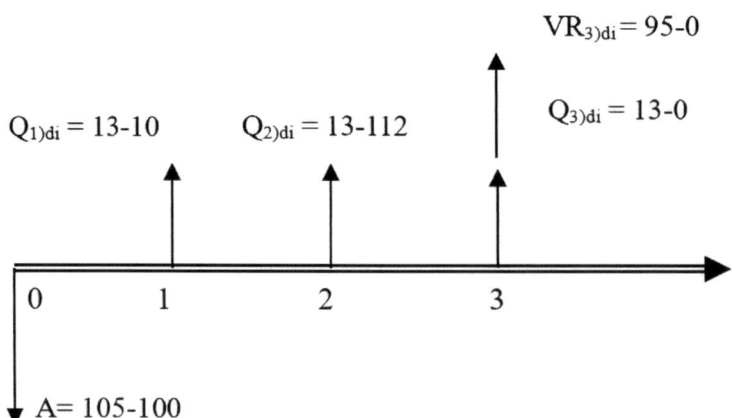

	A	B	B-A
0	-100	-105	-5
1	10	13	3
2	112	13	-99
3		108	108
	VAN	VAN	VAN
	11.11 €	12.47 €	1.36 €
	TIR Rent. Activo	TIR Rent. Activo	TIR Rent. Activo
	10.95 %	9.49 %	6.43 %
	Rent. neta	Rent. neta	Rent. neta
	5.95 %	4.49 %	1.43 %

Una vez calculados los flujos incrementales de B-A en la última columna, se observa como el proyecto B que requiere mayor inversión, añade un 6,43 % más de valor sobre el A. Por tanto, teniendo en cuenta todos los criterios usados en conjunto, habría que elegir el proyecto B (los valores anuales calculados anteriormente llegaban a la misma conclusión).

Solución ejercicio propuesto del epígrafe 4.7.

Al ser todos los proyectos repetibles se pueden jerarquizar teniendo en cuenta las siguientes premisas: se usa el mínimo común múltiplo de los proyectos para igualar duraciones. En segundo lugar, se ordenan los proyectos de menor a mayor inversión inicial para calcular los flujos de tesorería incrementales de los proyectos con mayor inversión inicial respecto a los de menor inversión inicial. De esta forma se puede ver si los resultados incrementales del proyecto con mayor inversión mejoran respecto al de menor inversión, justificándose la mayor inversión inicial. Los resultados se observan en la siguiente tabla:

	A	A repetido	B	B repetido	C	C repetido	B rep-A rep	C rep-B rep	C rep-A rep
0	-100	-100	-105	-105	-110	-110	-5	-5	-10
1	10	10	13	13	14	14	3	1	4
2	110	10	13	13	14	14	3	1	4
3		10	108	3	114	4	-7	1	-6
4		10		13		14	3	1	4
5		10		13		14	3	1	4
6		110		108		114	-2	6	4
	VAN	VAN	VAN	VAN	VAN	VAN	VAN	VAN	VAN
	9.30 €	25.38 €	12.47 €	23.24 €	14.51 €	27.04 €	-2.14 €	3.81 €	1.66 €
	TIR Rent. Act.	TIR Rent. Act.	TIR Rent. Act.	TIR Rent. Act.	TIR Rent. Act.	TIR Rent. Act.	TIR Rent. Act.	TIR Rent. Act.	TIR Rent. Act.
	10.00 %	10.00 %	9.49 %	9.49 %	9.98 %	9.98 %	#¡NUM!	20.00 %	9.70 %
	Rent. neta	Rent. neta	Rent. neta	Rent. neta	Rent. neta	Rent. neta	Rent. neta	Rent. neta	Rent. neta
	5.00 %	5.00 %	4.49 %	4.49 %	4.98 %	4.98 %	#¡NUM!	15.00 %	4.70 %
	ICB	ICB	ICB	ICB	ICB	ICB	ICB	ICB	ICB
	0.09	0.25	0.12	0.22	0.13	0.25	-0.43	0.76	0.17

En principio el proyecto C tiene mayor ICB (índice que solventa el problema de las diferentes inversiones iniciales), pero el proyecto A es el de mayor rentabilidad neta. Además, los proyectos tienen diferentes duraciones e inversiones iniciales, lo que añade más dificultad para elegir el mejor de ellos. Para solucionar este inconveniente usamos el mínimo común múltiplo de ambos proyectos, 6 años. Posteriormente se calculan los flujos de tesorería incrementales por pares de los proyectos repetidos de mayor inversión inicial respecto a los de menor inversión inicial.

Se observa que el mayor TIR incremental es el 20,00 %, que se obtiene al comparar el proyecto C repetido respecto al B repetido. La comparación de B repetido respecto a A repetido no da resultado válido en el TIR (uno de los inconvenientes de este criterio), pero al ser el VAN negativo ya indica que el TIR también lo sería (VAN y TIR coinciden a la hora de aceptar o rechazar). C repetido menos A repetido aporta un valor del 9,70 %, inferior al 20 % anterior. Teniendo el conjunto de los resultados de la tabla se jerarquizan los proyectos en el orden siguiente: C, A y B.

Solución ejercicio propuesto del epígrafe 4.11.

El contexto de riesgo del proyecto hace que el resultado del VAN tome diferentes valores según la distribución de probabilidad. Se necesita usar un valor medio que se calculará el mediante la esperanza matemática.

VAN	Probabilidad	VAN·Probabilidad
100000	0.15	15000
105000	0.21	22050
112500	0.24	27000
118000	0.22	25960
121500	0.18	21870
E(VAN)		111880

Para comprobar si el valor medio del VAN es representativo, se calcula la varianza (s^2 o Var), la desviación estándar (raíz cuadrada de la varianza) y el coeficiente de variación (desviación estándar dividido entre valor medio).

	Probab·$[VAN-E(VAN)]^2$
	21170160.000
	9940224.000
	92256.000
	8239968.000
	16657992.000
Var (VAN)	56100600.000

La desviación estándar (raíz cuadrada de la varianza) del VAN es 7.490,033. Por tanto, el coeficiente de variación (desviación estándar entre valor medio) es 0,067. Inferior a 0,3, por lo que se pueden considerar los datos homogéneos y el valor medio representativo. En este caso se acepta el proyecto debido a que el VAN medio es positivo y su resultado se podría comparar con otros proyectos para seleccionar el mejor proyecto de inversión.

NOMENCLATURA

Voces técnicas	Descripción
A	Capital invertido de una inversión.
BAIT	Beneficio antes de intereses e impuestos.
BAT	Beneficio antes de impuestos o beneficio bruto.
BN o Bº Neto	Beneficio neto del periodo.
C/p	Corto plazo.
CA	Capital ajeno.
CAC	Cuota de amortización contable.
CAF	Cuota de amortización financiera del periodo.
CFros	Costes financieros o intereses. Pueden ser antes de impuestos (ai) o después de impuestos (di).
CMPC	Coste medio ponderado de capital.
CP	Capital o recursos propios.
CS	Capital social.
Div	Dividendo.
DS	Derechos de suscripción.
EBITDA	Beneficio antes impuestos intereses e impuestos.
FI	Flujos incrementales.
gg ó og	Gastos generales de explotación.

HT	Horizonte temporal para la valoración de un proyecto.
i	Tipo de interés nominal en porcentaje.
ICB	Índice coste beneficio.
IRPF	Impuesto sobre la renta de las personas físicas.
I.S.	Impuesto de sociedades.
K	Tasa de actualización.
kca	Coste del capital ajeno. Puede ser antes de impuestos (ai) o después de impuestos (di).
Kcp	Coste del capital propio.
L/p	Largo plazo.
MCM	Mínimo común múltiplo.
Mo	Mano de obra (gastos de personal).
Mp	Materia prima.
NAC	Necesidad activos corrientes.
PGC	Plan General Contable
PM	Periodo medio empresa o periodo de maduración.
Pst	Productos semiterminados o en curso de fabricación.
Pt	Productos terminados.
Qi	Cash Flow o flujo de fondos del periodo i.
Q)ai	Cash flow antes de impuestos.
Q)di	Cash flow después de impuestos.
Q)explotación	Cash flow renta de explotación.
Q)tesorería	Cash flow tesorería de explotación.
Res	Reservas.
RA	Rentabilidad del activo.
r	Rentabilidad anual bruta de la inversión.

SPMcl	Subperiodo medio de cobro a clientes.
SPMmp	Subperiodo medio de materia prima en almacén.
SPMpst	Subperiodo medio de productos semiterminados.
SPMpt	Subperiodo medio de productos terminados.
t	Tipo impositivo del impuesto sociedades.
T	Impuesto sociedades a pagar por operaciones del ejercicio.
Tes. Seg.	Tesorería de seguridad.
TIR	Tasa interna rentabilidad o tanto interno rendimiento.
TS	Tesorería.
VAE	Valor anual o Valor anual equivalente.
VAN	Valor actual neto valor capital.
VC	Valor actual valor actual neto.
vcn	Valor contable neto de un activo.
vn	Valor nominal de una acción.
VRn	Valor de mercado en el momento n de un activo. Puede ser antes de impuestos (ai) o después de impuestos (di).

GLOSARIO

- **Activo corriente**: Activos que se espera convertir en efectivo, vender o consumir en el ciclo normal de operación de la empresa (menos de un año).

- **Activo no corriente**: Activos que permanecen en la empresa por más de un año, como maquinaria, terrenos o patentes.

- **Activo**: Bienes y derechos que posee una empresa, de los que se espera obtener beneficios futuros. Se dividen en activos no corrientes (largo plazo) y corrientes (corto plazo).

- **Amortización**: Distribución del costo de un activo a lo largo de su vida útil. También puede referirse a la devolución gradual de un préstamo.

- **Autofinanciación**: Recursos generados internamente por la empresa, como reservas o amortizaciones, que no implican coste financiero explícito.

- **Balance**: Documento contable que refleja la situación económica y financiera de una empresa en un momento determinado, compuesto por activos y recursos (pasivos y patrimonio neto).

- **Capital corriente**: Parte del activo corriente financiada con recursos a largo plazo.

- **Ciclo a corto (ciclo de explotación)**: Proceso que va desde la adquisición de materias primas hasta la venta y cobro de los productos terminados.

- **CMPC**: Coste medio ponderado de capital o coste de capital. Es el coste de la estructura de capital, y la tasa mínima de rendimiento que una empresa debe obtener para satisfacer a todos sus inversores.

- **Coeficiente de variación**: Medida relativa de dispersión que se calcula como la desviación estándar dividida por la media. Se utiliza para comparar el riesgo relativo entre diferentes inversiones.

- **Cuenta de pérdidas y ganancias**: Estado financiero que muestra los ingresos y gastos de una empresa durante un periodo, reflejando su resultado económico.

- **Desviación estándar**: Medida de dispersión que indica cuánto se alejan los valores de una distribución respecto a su media.

- **Deuda**: Obligación financiera que una empresa debe pagar a terceros, generalmente con intereses.

- **Dividendo**: Parte de las ganancias de una empresa que se distribuye entre sus accionistas.

- **Esperanza matemática**: Valor esperado de una variable aleatoria. En finanzas, representa el rendimiento promedio ponderado por la probabilidad de ocurrencia.

- **Estructura permanente del balance**: Parte del pasivo a largo plazo y patrimonio neto y aquellos activos que financia.

- **Financiación espontánea**: Recursos financieros que no requieren negociación previa, como el IVA pendiente de ingreso o las deudas con proveedores.

- **Financiación**: Obtención de recursos económicos para llevar a cabo actividades empresariales, ya sea mediante capital propio o ajeno.

- **Flujo de caja (Cash flow)**: Movimiento de entrada y salida de fondos en una empresa durante un periodo determinado.

- **Fondo de maniobra**: Recursos financieros a largo plazo que financian el activo corriente. Su valor positivo indica estabilidad financiera.

- **Impuesto sobre el Valor Añadido (IVA)**: Impuesto indirecto sobre el consumo que grava la compra de bienes y servicios. Es soportado por el consumidor final.

- **Incertidumbre**: Situación en la que no se conocen todas las variables o probabilidades que afectan a un resultado futuro.

- **Interés**: Coste del dinero prestado, expresado como un porcentaje del del préstamo.

- **NAC (Necesidad de Activo Corriente)**: Estimación del volumen de activo corriente necesario para que el ciclo de explotación funcione sin interrupciones.

- **Pasivo**: Obligaciones financieras de la empresa, es decir, las deudas que debe pagar. Se clasifican en pasivo no corriente (largo plazo) y pasivo corriente (corto plazo).

- **Patrimonio neto**: Parte del balance que representa los recursos propios de la empresa, como el capital social, reservas y subvenciones.

- **Periodo medio (PM)**: Duración promedio del ciclo a corto, calculado como la suma de los subperiodos de almacenamiento, producción y cobro.

- **Ratios operativos**: Indicadores financieros que permiten analizar la eficiencia del ciclo de explotación y la gestión del activo corriente.

- **Recursos a corto plazo**: Fondos disponibles o deudas que vencen en el corto plazo, utilizados para cubrir necesidades inmediatas de liquidez.

- **Rentabilidad**: Capacidad de una inversión para generar beneficios en relación con su coste.

- **Riesgo**: Probabilidad de que los resultados reales difieran de los esperados. En finanzas, se asocia con la posibilidad de pérdida.

- **Sujeto pasivo**: Persona o entidad obligada al pago del impuesto. En el caso del IVA, es el consumidor final.

- **Tasa de actualización**: Tasa utilizada para descontar flujos de caja futuros a su valor presente.

- **Tipo de gravamen (t)**: Porcentaje aplicado sobre la base imponible para calcular la cuota íntegra del impuesto. En el Impuesto de Sociedades suele ser del 25 %.

- **TIR (Tasa Interna de Retorno)**: Tasa de descuento que iguala el valor actual de los flujos de caja futuros con la inversión inicial. Se usa para evaluar proyectos de inversión.

- **VAN (Valor Actual Neto)**: Indicador financiero que mide la rentabilidad de una inversión descontando los flujos futuros al valor presente.

BIBLIOGRAFÍA

Dirección financiera. Autor: **Durbán Oliva, S**. Publicación: McGraw-Hill Interamericana de España S.A.U. Edición: 2008.

Finanzas corporativas (2.ª edición). Autores: **Durbán Oliva, S.; Irimia Diéguez, A.; García Villanueva, R.; Jiménez Naharro, F. y Torre Gallegos, A**. Publicación: Ediciones Pirámide. Edición: 2020. ISBN: 978-84-368-4206-7.

Finanzas a corto plazo en las empresas turísticas. Autores: **Irimia Diéguez, A. y Palacín Sánchez, M.J**. Publicación: Secretariado de Publicaciones de la Universidad de Sevilla. Edición: 2009.

Fundamentos de finanzas corporativas. Autores: **Brealey, R. A., Myers, S. C., & Marcus, A. J**. Publicación: Mc Graw Hill. Edición: 2010.

Ingeniería económica. Autores: **Blank, l. y Tarquin, A**. Publicación: Mcgraw-Hill Interamericana. Edición: 2006.

La práctica en finanzas corporativas. Autores: **Durbán Oliva, S**. Publicación: Red de Impresión. Edición: 2019. ISBN: 978-84-948700-5-7.

Principios de gestión financiera de la empresa. Autores: **Pérez-Carballo, A.; Pérez-Carballo, J. y Vela Sastre, E**. Publicación: Alianza Universidad Textos. Edición: 1986.

Sistemas informativos contables para el análisis empresarial. Autores: **Quesada, F.J.; Jiménez, M.A. y García, J**., Publicación: Prentice Hall. Edición: 2001.

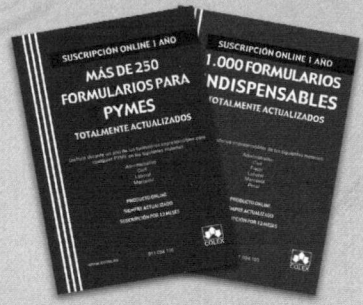  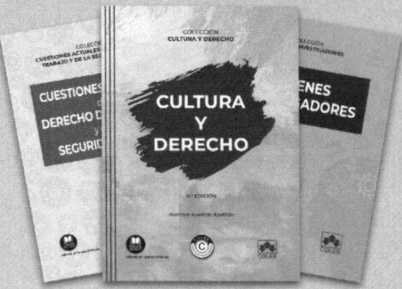